적당히 잊으며 살아간다

HODOYOKU WASURETE IKITE IKU
Copyright © Hideko Fujii, 2023

Korean translation copyright © 2025 by Sam & Parkers Co., Ltd.
All rights reserved.

Original Japanese edition published
by Sunmark Publishing, Inc., Tokyo, Japan.

Korean translation rights arranged with Sunmark Publishing, Inc.
through Danny Hong Agency, Seoul.

이 책의 한국어판 저작권은 대니홍 에이전시를 통한 저작권사와의 독점 계약으로 ㈜쌤앤파커스에 있습니다. 저작권법에 의해 한국 내에서 보호를 받는 저작물이므로 무단전재와 복제를 금합니다.

후회도 불안도 없이
오늘을 살기 위한
71가지 인생 처방전

적당히 잊으며 살아간다

후지이 히데코 지음
이미주 옮김

들어가며

"자신을 아끼고 보살펴주세요."

환자를 배웅할 때면 저는 늘 이렇게 인사를 건넵니다. "몸조리 잘하세요"처럼 병원에서 흔히 전하는 형식적인 말이 아니라 진심으로 마음을 담아서요.

「당신은 귀하디귀한 존재입니다. 자신을 치료하기 위해 이곳을 방문하신 것 자체에 경의를 느끼며 당신을 대하고 있습니다. 저는 할 수 있는 최선을 다했습니다. 이제부터는 스스로 보살피고 몸과 마음을 관리해 건강해지셔야 합니다.」

 원래 "몸조리 잘하세요"라는 말에는 이런 마음이 담겨 있어요. 하지만 병원에서 당연하게 쓰이는 상투적인 말로는 여기에 담긴 의미를 전부 파악하기 어려운 것도 사실입니다. 평소와 다른 말로, 본래 의미가 환자의 마음에 닿기를 바라면서 눈을 바라보고 "자신을 아끼고 보살펴주세요"라고 전하면 대부분 놀란 표정을 짓습니다. 그만큼 자신을 뒷전에 두었던 분이 많다는 의미겠지요.

 인간은 사회적 동물입니다. 모두 적잖이 누군가를 위해 애쓰고 노력하며 살아가고 있어요. 혼자였다면 벌어지지 않았을 일이나, 느끼지 않았을 많은 시련을 떠안으면서도 역시 인간은 혼자서는 살아갈 수 없어요.

 그러니 평소에 무엇보다 자신을 아끼고 보살펴주세요. 자신을 뒷전으로 미뤄두지 마세요. 누군가를 위해서 매일 바쁘게 살아온 사람일수록 그 누군가를 '적당히 잊고' 살다 보면 자신을 소중히 여기게 되고 자신의 마음을 알아챌 수 있어요. '후회'에 매몰된 사람도 그것을 잊고 살다 보면, 새롭게 도전할 수 있어요.

저는 산부인과 의사로 7년, 그리고 정신과 의사로 30년 넘게 일하며 환자에게서 많은 것을 배웠습니다. 그런 제가 이 책에서 전하고 싶은 바는 그 누구도 아닌 자신에게 소홀하지 말라는 점입니다.

자신을 최우선으로 여기고 내 목소리에 귀 기울여 나를 보살피고 아껴야 합니다. 이를 위해 이 책에서 '잊어도 좋은 것'과 그 반대로 '소중히 마음속에 담아두어야 할 것'을 제안하고자 합니다. 필요 없는 것을 잊음으로써 내가 정말로 소중히 여겨야 할 것들이 보이기 시작합니다. 그러니 당신도 다른 사람 일은 잠시 잊고 자신을 아끼고 보살펴주세요.

「말로는 쉽지만, 불편했던 기억이나 후회 같은 건 잊으려고 해도 잊히지 않잖아요?」

그런 목소리가 들려오는 것 같군요. 실제로 진료실에서 같은 질문을 들은 적이 있습니다. 다음 날까지 끌고 가지 않기는커녕, 꽤 오래된 일인데도 불구하고 생선의 잔가시처럼 가슴에 콕 박혀 지금까지 빠지지 않는다고 말이죠.

저는 불쾌한 감정이나 생각대로 되지 않았던 일에 대한 아쉬운 마음, 부정적인 기분을 다음 날까지 끌고 가는 일이 거의 없습니다. 그 비결은 실은 정말로 간단합니다. 그것을 '끌고 가지 않기'로 정했을 뿐입니다.

사람은 스스로 그렇게 마음을 먹으면 마음먹은 대로 할 수 있습니다. 저는 불쾌한 일이나 슬픈 일이 생기면 '일어난 일은 일어난 일이다' 하고 받아들이는 습관을 들였습니다. 일어난 일에 대해 이것저것 생각하느니 그다음에 어떻게 할지를 정하는 것이 더 중요합니다.

'오늘의 부정적인 감정은 오늘까지만', '이미 벌어진 일로 불평하지 않기', '다음 계획을 생각하기'. 처음부터 잘되었던 것은 아니지만, 90살이 넘게 살다 보니 어느새 그런 식으로 기분을 전환하는 것이 가능해졌습니다.

여태껏 '불편한 기억에 끌려다녔다'는 사람도 매일 연습하면 새로운 습관이 서서히 자기 몸에 밸 것입니다. 처음에는 '10분만 내버려두기'부터 시작해보세요.

싫은 일, 집착, 지나친 얽매임, 누군가에 대한 기대, 후회, 과거의 영광은 적당히 잊는 편이 좋습니다. 반대로 자기 자신에게 집중하기, 내가 있을 곳을 편안하게 유지하기, 소중한 인연을 계속 귀하게 여기기, 감사하는 마음, 그러한 것들은 잊지 말고 그날그날 마음에 담아두세요. 적당한 지점을 찾기 위해 저도 매일 모색 중입니다.

사람은 어쩌면 너무 많이 기억하는지도 몰라요. 속는 셈 치고 제 말을 따라 '잊어도 괜찮아'라고 마음가짐을 살짝 바꿔보세요. 가뿐하고 보송보송한 마음으로 하루하루를 즐겁게 보낼 수 있을 것입니다.

차례

들어가며   005

1장 「인간관계」는 적당히 잊으세요

01	「다른 사람」은 잊으세요	016
02	「모두에게 사랑받기」는 잊으세요	019
03	「타인의 의견」은 잊으세요	022
04	「비교」는 잊으세요	025
05	「간섭」은 잊으세요	028
06	「사람을 바꾸려는 노력」은 잊으세요	031
07	「부모니까」는 잊으세요	034
08	「가족이니까」는 잊으세요	037
09	「형식적인 인사」는 잊으세요	040
10	「내 마음을 알아줘」는 잊으세요	043
11	「인내」는 잊으세요	046
12	「나만 참으면」을 잊으세요	049
13	때때로 「일」을 잊으세요	052
14	「지금까지의 방식」은 잊으세요	055
15	「완벽」은 잊으세요	058

II장 「나」를 잊지 마세요

16	「나이 드는 것」을 받아들이세요	064
17	「진짜 원인」을 찾으세요	067
18	「나의 변화」에 민감해지세요	070
19	「자연치유력」을 잊지 마세요	073
20	「움직여서」 의욕을 일으키세요	076
21	「규칙적인 리듬」을 만드세요	079
22	아무튼 「걸으세요」	082
23	「편안한 신발」을 선택하세요	085
24	「나만의 건강법」을 찾으세요	088
25	돈보다 「근육」을 모으세요	091
26	「아침밥」을 제대로 드세요	094
27	「등 푸른 생선」을 드세요	097
28	「식양생」을 기억하세요	100
29	「몸의 소리」에 귀를 기울이세요	103
30	입은 「생명의 입구」임을 기억하세요	106
31	「타고난 치아」를 유지하세요	109
32	「유병장수」하세요	112
33	「잠을 못 자도」 걱정하지 마세요	115
34	나를 「탓」하지 마세요	118
35	「숨은 스트레스」를 찾으세요	121
36	「얕은 피로」에 익숙해지지 마세요	124
37	가끔은 「억지로라도」 쉬세요	127

38	「도망갈 길」을 마련하세요	130
39	「뇌」를 충분히 쉬게 하세요	133
40	「있는 그대로」를 보세요	136
41	「의사」와 「약」은 현명하게 쓰세요	139
42	「조상들의 지혜」에서 배우세요	142

III장 「과거」는 잊으세요

43	「경험」을 잊으세요	148
44	「좋았던 과거」도 적당히 잊으세요	151
45	「실수」는 움직여서 잊으세요	154
46	「걱정」은 적당히 잊으세요	157
47	「불행」은 적당히 잊으세요	160
48	「초조함」은 잊으세요	163
49	「부모 탓」은 잊으세요	166
50	「울적한 기분」은 잊으세요	169
51	가끔은 「시간」을 잊으세요	172
52	「후회」를 잊으세요	175
53	「지나친 경쟁심」은 잊으세요	180
54	「흑백논리」는 잊으세요	183
55	기꺼이 「친절」하세요	186
56	「자기희생」은 잊으세요	189

IV장 「작은 도전」을 잊지 마세요

57 「하고 싶은 것」을 하세요 194
58 「듣고 싶은 이름」으로 불리세요 197
59 「다른 얼굴의 나」를 가지세요 200
60 「부탁」을 어려워하지 마세요 203
61 「배움」에 빠져드세요 206
62 「경험」에 돈을 쓰세요 209
63 「직접」 알아보고 결정하세요 212
64 「최신 기기」를 시도해보세요 215
65 「선물」을 주고받으세요 218
66 「어릴 적 관심사」를 떠올려보세요 221
67 「작은 역할」에도 최선을 다하세요 224
68 「나의 선택」을 긍정하세요 227
69 작은 「도움」을 기억하세요 231
70 늘 「웃을」 준비를 하세요 234
71 「주는 것」이 곧 「받는 것」이에요 237

나오며 240

I장

「인간관계」는 적당히 잊으세요

01
「다른 사람」은 잊으세요

인간관계에 너무 집착하지 마세요.
사람 때문에 괴롭다면
'상대를 생각하지 않는 시간'을 가져보세요.

인간관계는 나와 나 아닌 다른 사람과의 교류입니다. 내가 생각한 대로 흘러가지는 않을 거라고 각오를 다져두면 어떤 일이 일어나도 마음이 한결 가벼워져요.

한번은 학교에서 근무하시는 분이 내원해 "학생한테 폭언을 들어 충격을 받았어요"라며 매우 침울해하시더군요. 저는 "마음은 이해합니다만, 그 일에 지나치게 빠져 있지 않도록 해볼까요?"라고 말을 건넸습니다. 성격이 난폭하고 대번에 화를 내는 과민한 사람들에게 정면으로 맞서면 나만 힘들어지니까요.

그렇다고 이 환자가 직장을 그만둘 수는 없는 노릇이었기에 "상대방과 마음의 거리를 둬보세요"라고 조언하고, 불안을 잠재우는 효과가 있는 반하후박탕과 당귀작약산, 기를 채우는 보중익기탕을 처방했습니다.*

제가 이야기한 '마음의 거리'란 상대를 생각하지 않는 시간을 뜻합니다. 스트레스받는 일에 내 시간과 마음을 빼

---

* 일본은 의사도 특정 요건을 갖추고 시험을 통과하면 한방전문의 인증을 받을 수 있습니다.

앗기지 않도록, 예를 들어 '직장 밖에서는 일에 대해 생각하지 않기', '자꾸 생각이 날 것 같으면 다른 일을 하기' 등 마음에서 선을 그으라는 뜻이에요. 그분도 다음 진료에서는 한층 밝아진 표정으로 "마음속에서 매듭을 지었어요"라고 하시더군요.

복잡한 인간관계에서는 다른 사람에 대한 생각을 멈춰보는 것도 방법입니다. 상대와 거리만 둔다고 되는 것도 아닙니다. 그럴 때는 일단 그 존재를 잊을 시간을 만드는 것이 중요합니다. 내 안에서 상대를 제자리에 되돌려놓는 것부터 시작하세요.

02
「모두에게 사랑받기」는 잊으세요

모두가 날 좋아할 수는 없어요.
미움을 받는다면
그때는 깨끗이 물러서세요.

모두에게 사랑받을 수는 없습니다. 아무리 당신이 좋은 사람이라고 해도, 아무리 다른 사람을 배려하려고 해도, 때때로 본의 아니게 상대방의 마음에 상처를 주거나 상대가 꺼리는 행동을 해 멀어지는 일이 생길 수 있어요.

어쩌면 상대방의 마음에 여유가 없거나 고민이 있어서 다른 사람과 의사소통이 잘 이루어지지 않는 시기일 수도 있습니다. 값비싼 도미를 대접해도 "생선을 싫어해서요"라며 먹지 않는 사람이 있는 것과 마찬가지입니다. 싫을 때는 뭘 해도 싫은 법이에요. 모든 원인이 나에게 있다고 여기지 않아도 된다는 말입니다.

저도 누구에게나 호감을 사는 사람은 아니어서 오랜 기간 병원 원장으로 일하는 동안 여러 가지 곤란한 상황에 부딪히곤 했습니다. 그러면서 자연스럽게 깨달을 수 있었어요. '아, 이 사람은 나를 배려할 생각이 없구나' 싶어지면 '그럼, 어쩔 수 없지' 하고 깨끗이 물러섭니다. 내가 불편하다고 생각하는 사람에게서는 살짝 거리를 둡니다. 경험이 쌓여서인지 그런 태도가 어느새 몸에 배더군요.

더불어 언짢았던 기억을 계속 되새기는 습관을 의식적으로 멈춰야 합니다. 잊고 지내다가 듣고 나서야 비로소 떠오르는 정도가 서로에게 평화롭습니다.

나를 싫어하는 사람까지 안고 갈 필요는 없습니다. 내가 좋아하고 나를 아끼는 사람과 어떻게 살아갈지 고민하는 쪽이 인생을 더 밝게 합니다.

03
「타인의 의견」은 잊으세요

다른 사람의 의견에 귀를 기울이는 것은 중요합니다.
하지만 지나치게 신경 쓰지 않는 것이 더 중요합니다.
다른 사람의 의견에는 본인도 기억하지 못하는
무책임한 말도 제법 있기 때문이죠.

주변의 목소리가 신경 쓰이는 것은 누구나 마찬가지입니다.

물론 다른 사람의 의견을 듣다 보면 고민의 돌파구가 발견되기도 하니 진지하게 귀를 기울이는 건 중요합니다. 다만 '그저 다른 사람을 마음대로 휘두르고 싶을 뿐'인 무책임한 조언에는 휘둘리지 말아야 합니다.

아무리 가까운 관계라 해도 사람 사이에는 늘 적당한 거리가 필요합니다. '나는 나, 너는 너'라는 마음가짐으로 중심을 잡고, 상대의 이야기에 살짝 귀를 기울이는 정도가 딱 좋습니다.

'아, 이 사람 생각은 이렇구나', '그래, 그럴 수도 있지. 나는 그 문제에 대해 어떻게 생각하지?'처럼 상대와 나 사이에 경계선을 그을 수 있다면 누군가 무심코 내뱉은 말을 심각하게 받아들여 괴로워하는 일은 사라질 겁니다.

예전에 "회사에 제 험담이 돌고 있을까 봐 불안해서 잠이 오지 않아요"라고 토로한 환자가 있었습니다. 사연인즉슨 회사에 여기저기 미주알고주알 말을 옮기는 사람이 있었던 거죠. "당당하게 지내세요"라는 말을 건네며 신경과민을 치료하는 한방약을 처방했습니다.

 소문은 입방아에 오르내리는 사람이 아니라 불확실한 정보로 다른 사람을 깎아내리는 사람의 품격 문제입니다. 그런 상대를 신경쓰는 데 내 소중한 시간을 쏟아부을 필요는 없어요. 내 마음을 지키기 위해서라도 소문의 온상과 재빨리 거리를 두고 그 사람의 존재를 가능한 한 잊어야 합니다.

04
「비교」는 잊으세요

다른 사람과 나를 비교할 필요는 없어요.
우선은 '어떻게 하면 내가 평온해질까',
'안심이 될까'를 생각해보세요.

오래전에 결혼과 출산 이후 우울증을 겪고 있는 환자가 병원을 찾은 적이 있습니다.

이야기를 들어보니, 아이와 함께 시가에 갈 때마다 언짢은 소리를 들어서 시어머니와 만나는 게 괴롭다고 하더군요. 급기야 '시어머니하고 잘 지내는 사람들이 부러워. 나는 왜 이 모양일까?' 고민하다가 병원까지 오게 된 겁니다.

저는 "다른 사람과 비교할 필요도, 신경 쓸 필요도 없어요. 당분간 시가에는 아이와 둘만 가라고 남편에게 양해를 구하면 어떨까요? 억지로 시어머니와 잘 지내려 애쓰지 말고 지금은 내가 편한 걸 선택해도 괜찮아요"라고 조언했습니다. 그 환자는 곧바로 실행에 옮겨 시가에는 남편과 아이만 보냈다고 합니다.

후에 듣기로 시어머니도 아들의 방문을 반가워한 것 같더군요. 아들과 이야기를 나누고 싶었던 모양입니다. 아들과 함께 방문한 손자와도 친해진 시어머니는 이윽고 며느리에게 "너도 같이 오면 좋겠구나"라는 말을 전했다고 합니다. 며느리를 대하는 태도도 예전과 달리 밝고 부드러워졌고요.

타인과 비교하거나 내가 가지지 못한 걸 갈망하기보다 적당히 단순하게 '어떻게 하면 내 마음이 편해질까? 안심할 수 있을까?' 고민하며 삶을 되돌아보면 어떨까요? 그러면 훗날 분명 내가 바라는 나와 마주하게 될 것입니다.

05
「간섭」은 잊으세요

다른 사람의 인생을 대신 살아줄 수는 없어요.
상대를 위하는 척하면서
멋대로 나서지 말아야 합니다.

"다른 사람의 걱정거리만 듣는데, 마음이 버겁지는 않으세요?"라는 질문을 받곤 합니다. 정신과 의사로서 사람들의 몸과 마음의 고민을 듣다 보면, 그 모두가 자신의 삶을 포기하지 않아서 생기는 귀한 마음이라는 걸 알게 됩니다. 그 생각과 인생을 존경하는 마음으로 내가 할 수 있는 진료에 최선을 다하며 매일매일 눈앞의 환자를 마주할 따름입니다.

사람은 누구나 나름대로 자신의 삶을 살아가고 있어요. 나는 나이기에, 다른 누군가가 대체할 수 없습니다. 그런 것들을 환자들이 가르쳐주었습니다.

간혹 가슴이 먹먹해지는 힘든 환경에 처한 환자의 이야기를 들을 때가 있는데, 환자의 마음을 이해한다거나 내가 대신 그 어려움을 해결해주려고 한다면, 그것은 오만입니다. 저는 그저 한방약을 써서 그 문제에 맞설 수 있도록 심신을 회복하게 도울 뿐이에요.

단지 진료실에서만 적용되는 이야기가 아닙니다. 누구도 다른 사람 인생의 결정권을 멋대로 빼앗을 수 없어요.

상대에게 그 문제를 해결할 힘이 있다고 믿고, 의연히 대처하는 그 자세를 존중해주세요.

타인과 나 사이에 경계선을 명확히 긋고 상대방의 인생을 존중하는 것은 모든 인간관계에서 중요한 일입니다.

06
「사람을 바꾸려는 노력」은 잊으세요

나 자신도 고치기가 어려운데
하물며 다른 사람이라면 말할 것도 없겠죠.
나와 다른 점을 인정하세요.

나와 전혀 맞지 않지만 업무 관계거나 친척, 이웃이어서 얽힐 수밖에 없는 사람이 있습니다. 가능하면 불편한 사람과는 거리를 두는 것이 좋지만, 날마다 마주칠 수밖에 없는 상황이라 멀리하기 어려울 때도 있지요.

상대의 불편한 부분, 거슬리는 부분에 한번 주목하다 보면 어떻게든 상대방을 바꾸려고 노력하게 되는데, 그럼 관계는 더 나빠지기만 합니다. 그뿐만 아니라 변하지 않는 상대에게 집착하게 되면서 상대의 일거수일투족에 스트레스를 받게 되고요.

싫어하지만 멀어질 수 없다니, 모두에게 이보다 불행한 일이 없습니다. 그럴 때는 상대방과 나 사이에 명확하게 '마음의 경계선'을 긋는 것이 중요합니다. 즉 상대방의 말에 휘둘리지 않고, 상대방이 해달라는 대로 해주지 않기로 마음을 다잡아야 합니다. 이는 나 자신도 상대방을 바꾸려 하지 않겠다는 결심이기도 하지요.

무얼 한들 타인은 바뀌기 어려울 테니, 상대방을 바꾸려고 노력하기보다 되도록 상대방과 상대방이 말한 것을 의식적으로 잊으려고 노력해야 합니다.

몸을 움직이거나 집중해서 책을 읽거나 영화를 보면, 얼마 안 되는 시간이라도 그 시간만큼은 불편한 상대에게서 내 생각을 떨어뜨릴 수 있습니다. 조금은 잊을 수 있습니다.

이렇게 '잊는 연습'을 반복해보세요. 연습을 거듭하다 보면 어느새 싫은 생각은 마음에서 멀어지고 즐거운 일, 가까이하고 싶은 사람이 생길 것입니다.

07
「부모니까」는 잊으세요

아이에게 모든 걸 가르쳐야 한다고
생각하지 않아도 됩니다.
애초에 "해라"라는 말을 꺼내기 전에
먼저 나를 되돌아보세요.

저는 일곱 명의 아이를 키웠지만, 아이들에게 "공부해"라든지 "의사가 되어야 해"라고 말한 적은 단 한 번도 없었습니다.

잔소리할 필요도 없이 잘했다는 의미가 아닙니다. 남편은 남편대로 아이가 잘못을 저질러서 학교로 호출당할 때마다 "이것도 내가 가르친 결과야"라며 아이를 필요 이상으로 꾸짖지 않았습니다. 목숨과 연관되거나 법에 저촉되는 심각한 상황이 아니라면, 자식이어도 '이건 본인의 인생'이라 생각하고 관망하며 지켜봤던 것 같아요.

그 방식이 좋았는지 어땠는지는 모르겠으나, 설령 가족이나 가까운 친구라 해도 자신의 행동을 결정할 권리는 본인에게 있다는 점은 분명해 보입니다.

"이렇게 해줘"라고 말로 확실히 전달하는 것도 중요하지만, 그다음은 상대방의 영역입니다. 바라는 대로 따라줄 수도 있고 그렇지 않을 수도 있겠죠. 상대방을 야단치고 추궁하고 통제하려고 하면 그건 인간관계를 악화시킬 뿐만 아니라 대체로 헛수고로 끝납니다.

조언도, 그것이 상대방을 통해 자신의 바람을 이루는 식이 되어서는 안 됩니다. 부모와 자식 간에도 "너에게는 너의 방식과 생각이 있어. 그걸 나는 조금 도울 뿐이야" 하고 같은 위치에서 눈높이를 맞추며 이야기를 나누어보세요.

08
「가족이니까」는 잊으세요

가장 가까운 이에게도 그때그때, 확실히.
친한 사이일수록 예의를 지키면
관계는 더 좋아집니다.

심료내과*에서 환자를 진료하다 보면 가족에 관련된 고민을 자주 듣게 됩니다. 시어머니와 같이 살면서 생기는 고민이 있는가 하면, 며느리에 대한 불만도 있습니다. 8050 문제**의 한가운데에서 집 밖을 나서지 않는 자식의 미래를 비관하는 80대 부모가 있는가 하면, 치매에 걸린 부모의 돌봄을 상담하는 분도 있고요.

모든 가족에게는 저마다의 문제가 있습니다. 그것은 전부 가치 있는 고민이지만, 동시에 가족이어서 적당한 마음의 거리를 유지하기 어렵다는 문제도 있습니다.

하지만 가족처럼 가까운 사이일수록 예의를 지키면 관계가 좋아질 수 있습니다. 남남처럼 서먹서먹하게 행동하라는 게 아니라 타인을 대하듯 '그때그때 생각을 확실히 표현하라'는 의미입니다.

하고 싶은 말이 생기면 "잠깐 얘기 좀 할까?" 하고 자리

---

* 정신적인 원인에 의한 내과 치료와 가벼운 신경질환을 치료하는 일본의 독자적인 의료 과목입니다.

** 80대에 접어든 고령의 부모가 은둔형 외톨이가 된 50대의 자식을 돌보는, 최근 일본에서 대두된 사회적 문제를 말합니다.

를 마련해서 속마음을 털어놓고, 도움을 받았다면 확실히 "고마워"라는 말을 전하세요. 또 잘못했다는 생각이 들면 민망하더라도 "미안해"라고 말해야 합니다.

저는 둘째 딸과 같이 살고 있는데, 매일 아침밥과 점심 도시락을 딸이 준비해줍니다. 병원에서 돌아오면 딸에게 가장 먼저 "오늘도 아침부터 고마웠어. 도시락 잘 먹었단다"라고 잊지 않고 감사 인사를 전하고 있습니다.
　가까운 사람에게도 마음을 확실히 표현하세요. 진심이 담긴 '고마워'와 '미안해'를 소중히 여겨주세요.

09
「형식적인 인사」는 잊으세요

인간관계는 말로 이어져요.
한마디 덧붙이는 수고만으로
평범한 대화가 특별해집니다.

이 책을 시작하면서 환자를 배웅할 때 "몸조리 잘하세요" 대신에 "자신을 아끼고 보살펴주세요"라고 말한다고 이야기했습니다.

그것 말고도 문장의 원래 뜻이 전달되기 어려운 인사말에는 '안녕', '잘 자'를 비롯해 '고마워'나 '잘 먹겠습니다', '잘 먹었습니다' 등을 떠올릴 수 있어요.

일본의 아침 인사인 '오하요おはよう'는 이르다는 뜻의 하야이루い에서 파생된 말로, 원래 '일찍 오셨네요'라는 뜻이라고 합니다. 일본의 전통극인 가부키에서 사용되었다는 설이 있으며, 그래서 연예계에서는 밤에도 '오하요'라고 인사하는 모양이에요, 단순한 인사가 아니라 상대방의 노고를 위로하는 말이라고 하더군요.

'곤니치와こんにちは'*나 '곤방와こんばんは'**에도 원래 '(오늘은) 춥네요', '(오늘 밤은) 달이 예쁘네요'처럼 공감하거나 상대방을 배려하는 말이 뒤에 이어졌다고 합니다.

---

* '오늘은'이라는 뜻으로, 낮 인사말입니다.

** '오늘 밤은'이라는 뜻으로, 저녁 인사말입니다.

'고마워'도 "옮겨줘서 고마워"라고 구체적인 표현을 덧붙이면, 단순한 인사에서 상대에게 마음을 전하는 말로 바뀝니다. 무엇에 대한 고마움인지 한마디 덧붙임으로써 상대방을 세심하게 배려하는 말로 바뀌는 거지요. 그것만으로도 가족과 친구, 이웃과의 관계에 기분 좋은 바람이 불어옵니다.

그러니 '고마워'를 "○○해줘서 고마워"라고 말하고, '잘 먹었습니다'를 "맛있는 밥을 만들어줘서 고마워요. 잘 먹었습니다"라고 전해보세요. 그 말을 통해 상대방은 자신이 소중히 여겨지는 존재임을 느끼게 될 것입니다.

10
'내 마음을 알아줘,'는 잊으세요

내가 바라는 것을
솔직하게 말로 전달하는 용기를 내면,
인생은 훨씬 살기 편해집니다.

자신을 속이지 않고 솔직한 마음을 표현하는 건 마음 건강에 도움이 됩니다.

기나긴 인생이니 마음속에 숨겨둔 비밀이 한둘쯤 있을 수 있지만, 매번 상대를 배려하느라 싫다는 말도 못 하고 할 말을 참다가는 속병이 날지도 모릅니다.

교토에서는 본심을 드러내지 않는 것이 문화라고 하지만, 늘 돌려서 말한다면 나도 상대방도 오해가 쌓일 수밖에 없습니다. 본심은 자신이 확실히 표현하지 않으면 좀처럼 전달되지 않는 법입니다. 상대가 아무리 가까운 사이라 해도 내 속마음을 헤아려 내가 바라는 대로 움직여주지는 않습니다.

내가 제대로 표현한 적도 없으면서 '저 사람은 왜 내 마음을 몰라줄까?'라고 생각한다면 인생의 소중한 시간을 허비할 뿐입니다.

상대방이 알아주지 않아서 불만이 계속 쌓일 정도라면, 자신의 속마음을 제대로 전달하려는 노력부터 해야 합니다. 상대를 탓할 것이 아니라 "나는 이렇게 하고 싶어"라고 말부터 꺼내야 합니다.

   상대가 받아들일지 말지, 내 기대에 부응할지 말지는 상대의 문제입니다. 내 마음을 상대에게 온전히 전달하는 건 내가 나를 위해 할 수 있는 소중한 마음 챙김입니다.

11
「인내」는 잊으세요

인간관계에서 참아봐야 득 될 것이 없습니다.
긍정적인 인내는 분발해야 할 때 나옵니다.
나를 갉아먹는 인내를 떨쳐버리세요.

진료실에 다다른 여성이 둑이 터지듯 자신의 괴로움을 토로하는 일이 종종 벌어집니다. 터져 나온 이야기는 회사에서의 인간관계, 직장 상사의 괴롭힘, 남편과의 불화, 아이와의 소통 문제 등 다양하지요.

심리학자인 알프레드 아들러는 "인간의 모든 고민은 대인관계에서 시작한다"라고 말했습니다. 이처럼 대인관계에서 일어나는 갈등은 인간의 마음을 황폐하게 만듭니다.

특히 사람들과 원만하게 지내기 위해 나만 참고 견딘다면 몸과 마음에 악영향을 초래합니다. 일본의 대표적인 한방약 기업 쓰무라가 실시한 조사에 따르면 20대에서 50대 여성의 무려 80퍼센트가 몸과 마음에 이상을 감지했음에도 불구하고 보이지 않게 참으며 살고 있는 것으로 밝혀졌습니다.

참고 있는 이유 중 주목할 만한 것은 '견딜 만하다', '주위에 걱정을 끼치고 싶지 않다', '주변 사람과 의논해도 알아주지 않을 것 같다', '주위 시선이 신경 쓰인다' 등인데, 인내가 인내를 부르는 꼴이라고 할 수 있습니다.

물론 괴롭고 힘들어도 극복해야 할 때도 있습니다. 그것은 바로 나 자신을 위해 '분발해야 할 때'입니다. 하지만 견딤은 일방적인 것이 대부분입니다.

 평소 진료실에서 환자들에게 자주 묻곤 합니다. "당신에게 정말 인내가 도움이 될까요?" 의미 없는 인내를 붙들고 있는 건 아닌지 스스로 한번 점검해보세요.

12
「나만 참으면」을 잊으세요

나만 참으면 된다니,
비극의 주인공이나 할 법한 망상이에요.
일방적인 인내를 그만두는 것은
나뿐만 아니라 주변 사람을 위한 일이기도 합니다.

만약 지금 나를 둘러싼 환경에서 '나만 참으면 돼'라고 생각한다면, 자기 자신에게 이렇게 질문을 던져보세요.

「나만 참으면 정말 다 괜찮아질까?」

「내가 더 이상 참지 않으면 곤란해지는 사람이 있을까?」

사실 일방적인 인내는 나를 참게 만든(다고 내가 생각하는) 상대방에게는 전해지지 않는 경우가 대부분입니다.

언젠가 PMDD 월경 전 불쾌 기분 장애로 찾아온 환자가 "너무 힘든데 남편도 아이도, 주변 사람 그 누구도 이 괴로움을 알아주지 않으니 혼자서 참는 수밖에 없어요"라고 하더군요. 그래서 저는 소용없을 거라는 환자를 설득하여 다음에는 남편과 함께 오도록 권유했습니다.

다음 진료 시간에 남편에게는 의사의 관점에서 아내는 단순히 기분 문제가 아니라 자신의 힘으로 통제할 수 없는 상태이므로 도움이 필요하다고 조언했습니다. 그러자 "그랬군요" 하고 남편은 다소 안심한 듯한 표정을 지었습니다.

사실 '나만 참으면 어떻게든 될 거야'라는 건 아내 혼자만의 생각이었고, 남편은 남편대로 이유도 모른 채 아내가 불안정하고 우울해 보여 걱정했던 모양입니다. 남편은 의학적 설명을 통해 아내의 상태를 이해하게 되었고 어떻게 도와야 할지 고민하는 등 매우 긍정적인 방향으로 바뀌었습니다.

혼자서 감당하려 들지 마세요. 주위에 도움을 요청하면 자신뿐만 아니라 주변 사람도 구할 수 있습니다.

13

때때로 「일」을 잊으세요

일을 하려면 '일을 생각하지 않는 시간'이 필요합니다.
적어도 잠자리에는 일을 끌어들이지 마세요.

과로로 몸과 마음이 망가지는 사람의 대부분이 깨어 있는 동안 줄곧 일에 대해 생각한다고 합니다. 식사할 때도 목욕할 때도 일 생각만 한다니, 몸이 얼마나 많은 스트레스를 받을까요? 당연한 말이지만 "업무 시간 이외에는 일에 대해 생각하지 마세요"라고 힘주어 전하고 싶군요.

물론 업무가 끝나지 않아 밤늦게까지 일하는 사람은 "좋아서 그러는 게 아니라, 해야 할 일이 너무 많아서 어쩔 수가 없어요"라고 변명하는데, 이는 일중독^{workaholic} 직전이라는 사실을 자각해야 합니다.

일이 즐거워서 계속 생각나는 거라면 어쩔 수 없지만, 그래도 일을 생각하지 않는 '오프^{off}' 시간을 만드는 편이 좋습니다. 자기 나름의 스위치를 '오프'하는 습관을 만들어 보세요.

저는 일이 끝나면 곧장 의사 가운을 벗어 옷걸이에 겁니다. 이를 스위치 '오프'의 신호로 삼아서 일터에서 조금이라도 빨리 나가려 서두르지요. 환자들의 진료기록부를 진료와 진료 사이에 집중해서 다 쓰는 것도 이를 위해서입니다.

 잠들기 직전까지 일을 생각하면 교감 신경이 활성화되어 몸이 긴장된 상태로 남게 되고, 꿈에서도 일에 쫓겨 피로가 풀리지 않습니다. 잠자기 전에는 편안한 음악을 듣거나 좋은 향기를 맡아 조금이라도 업무를 잊는 시간을 만들어보세요.

14
「지금까지의 방식」은 잊으세요

일이 계획대로 흘러가지 않는다면,
뭔가 잘못되었다는 신호입니다.
다른 방법을 시도해보세요.

지금 내 인생이 계획대로 흘러가지 않는다면, 그건 '이 방법으로는 불가능하다'라는 하나의 실험 결과입니다.

인간관계도 일도 막다른 곳에 다다랐다고 느낀다면, 새로운 방법을 시도해보아야 합니다. 자기 경험에만 기대지 말고 전문가의 얘기를 듣다 보면 길이 열리기도 하니까요.

한번은 중년 남성이 진료실을 찾아왔습니다. 그는 스스로 '남성 갱년기 증상이겠지?' 하고 내심 진단을 내린 모양이었는데, 진찰 결과 불안신경증으로 진단되어 한방약 복용을 권했습니다. 제가 갱년기 장애라고 진단하지 않은 게 불만이었는지, 처방약을 받고는 다음 예약도 잡지 않은 채 발길을 돌리셨죠.

'약은 드셨을까……' 염려하고 있었는데, 몇 주 뒤에 "약이 떨어져서 새로 짓고 싶어요"라는 전화가 걸려 왔고 다시 진료를 보러 오셨습니다.

이번에는 다른 사람인가 싶을 정도로 진지하게 제 말을 들어주어서 놀랐습니다. 처방에 혈압약을 추가하자 몸 상태가 더 좋아졌는지 처음 병원을 찾았을 때와 달리 온화한 표정으로 바뀌었습니다.

반신반의하더라도 새로운 문을 열었을 때 예상치 못한 방향으로 일이 흘러가기도 합니다. 계획대로 되지 않을 때는 다른 방법을 시도해보는 것만으로도 뜻하지 않게 잘 풀릴 수 있습니다. 인생이란 의외로 그런 것 아닐까요?

15
「완벽」은 잊으세요

완벽을 추구하지 마세요.
때로는 누군가의 힘을 빌려
시간과 마음에 여유를 가지는 것,
그것이 당신이 해야 할 일입니다.

인간관계도 일도 '완벽'을 추구하는 한, 행복에 이르기는 쉽지 않습니다. 주변 모두와 사이가 좋아 인간관계가 순조롭고 평소 생활도 구석구석 잘 꾸려나가는, 업무도 사생활도 만점인 사람. 그런 사람은 존재하지 않으니 말이죠.

진료실을 찾아오는 분들 중에는 '내가 전부 해내야만 해'라는 생각에 사로잡힌 사람이 많습니다. 풀타임으로 일하면서 매일 식사와 도시락을 손수 만드느라 애쓰는 사람, 일을 하면서도 어떻게든 혼자서 부모님을 간병하기 위해 고군분투하는 사람, '내 힘으로' '완벽하게' 하면서 계속 참고 버티는 사람에게는 "힘을 조금 빼보세요"라고 전합니다.

모든 걸 혼자서 짊어지는 게 꼭 미덕이라고 할 수는 없어요. 개중에는 "대충 한다는 오해를 사고 싶지 않아요"라고 말하는 분도 계시는데, 나를 혹사하지 않는다고 일을 허투루 하는 건 아닙니다.

저는 일곱 명의 아이를 양육하는 데 쫓기다 보니 친정어머니에게 의지할 수밖에 없었어요. 완벽과는 거리가 멀어 아이들의 도시락에 실수로 맨밥만 두 개를 싸 보낸 적도 있었죠. 그것도 지금은 농담거리가 되었지만 예전에는 부모로서 부족하다고 생각한 적도, 더 노력할 걸 그랬다고 생각한 적도 많았습니다.

하지만 그럼에도 아이들은 각자 잘 자라주었습니다. 육아도 간병도 완벽하게 했다고 반드시 완벽한 결과가 나오는 것은 아닙니다. 그러니 잠시만이라도 매일 애쓰는 나를 위해 긴장을 풀어보세요.

'내 힘으로' '완벽하게' 하면서
계속 참고 버티는 사람에게는
"힘을 조금 빼보세요"라고 전합니다.

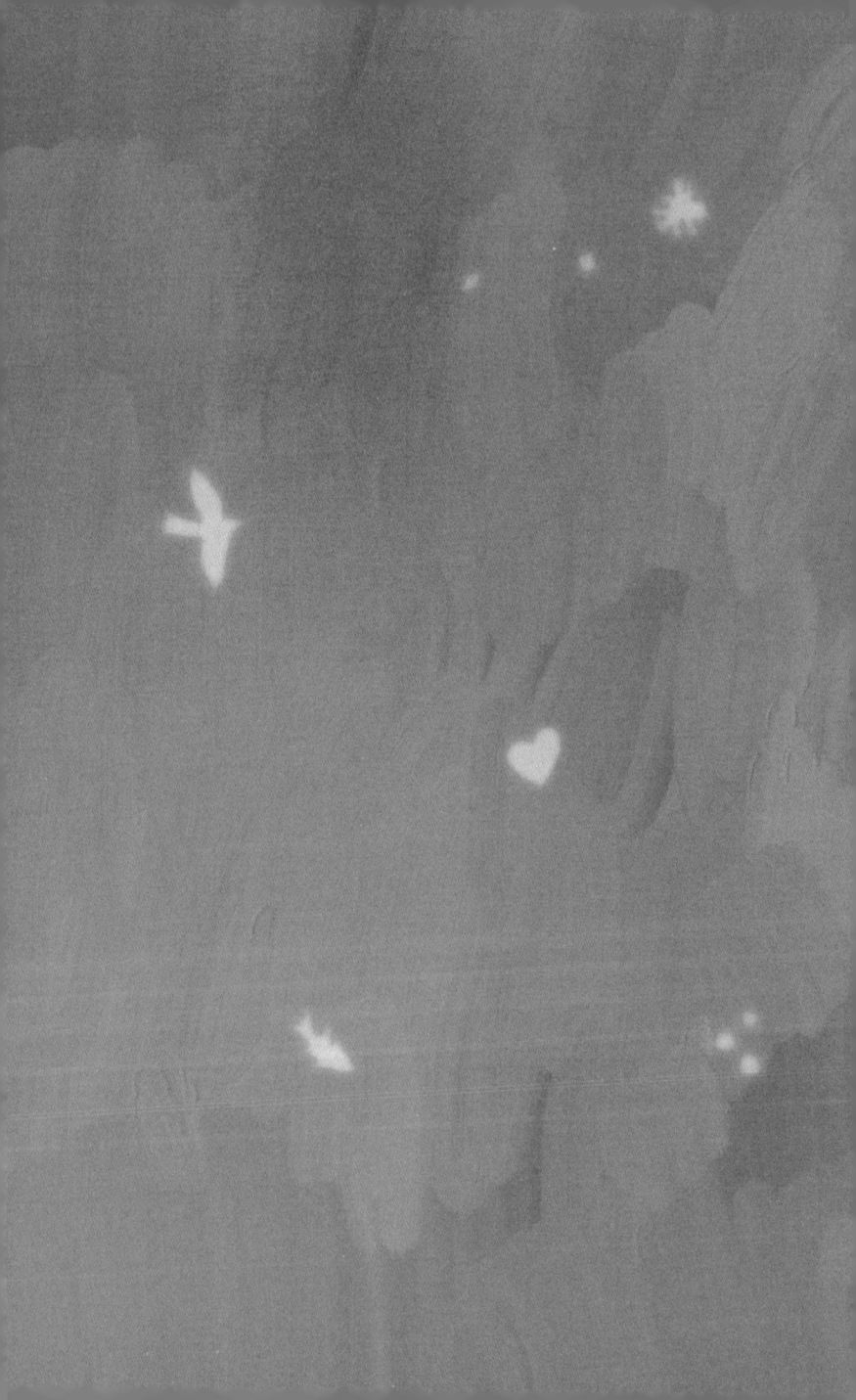

II장

「나」를 잊지 마세요

16
「나이 드는 것」을 받아들이세요

쇠약해지는 걸 두려워 말고
적당히 함께하세요.
치매 걱정도 정도껏입니다.

나이가 들면서 치매에 걸릴까 봐 불안해하는 분들이 많습니다. 만약 정말 걱정이라면 전문의에게 진료를 받아보는 편이 가장 확실합니다. 간병이나 가족을 돌볼 필요가 없어지자 인지 기능이 단숨에 떨어졌다는 사례도 있으니 말입니다.

우리 병원도 환자 가족들의 고민을 듣고 불안을 잠재우기 위해 도와드리고 있는데, 대부분은 제때 제대로 대처하면 나아집니다.

치매까지는 아니더라도 나이가 들면 자연스럽게 뇌가 조금씩 위축되면서 인지 기능이 떨어집니다. '깜빡하는' 일이 잦아지는 건 자연스러운 현상입니다. 염려하고 걱정해도 어쩔 수 없는 일이지요. 누구나 거치는 과정이니 저도 적당히 함께할 참입니다.

다만 나이에 상관없이 평소에 인지 기능 저하에 대한 예방책을 마련하는 건 중요합니다. 뇌 훈련도 좋지만 먼저 몸을 구성하는 식사에 신경 쓰세요. 예를 들어 대두 제품은 콜레스테롤, 고지혈증 수치를 내리는 데 도움이 된다는 연구 결과가 있고, 낫토키나아제*는 혈전(혈액이 응고되어 혈관 안에서 덩어리지는 현상) 예방에 좋다고 합니다. 녹황색 채소, 올리브유, 등 푸른 생선도 자주 섭취하세요. 꼭꼭 씹어 먹고, 손끝을 움직이고, 적당히 운동하세요. 우리 병원에서도 환자에게 그렇게 양생養生**을 전하고 있습니다.

 또 고립되지 않도록 사회와 관계를 맺고, 과거의 일이나 근심거리는 적당히 잊으며, 즐겁고 새로운 일에 도전해야 합니다. 함께할 친구가 있다면 금상첨화겠지요. 할 수 있는 일부터 하나씩 시도해볼까요?

---

* 낫토의 끈적한 점성 물질에 들어 있는 성분을 말합니다.

** 병에 걸리지 않고 건강하게 오래 살기 위한 생활 습관이나 활동을 뜻합니다.

17
「진짜 원인」을 찾으세요

마음과 몸은 연결되어 있습니다.
몸에 나타난 병의 원인이
마음에 있을 때도 있어요.

동양 의학은 나무가 아닌 숲을 보는 의학에 비유되곤 합니다. 나뭇잎이 시들면 그곳만 고치는 게 아니라, 나무가 자라는 환경과 상황을 두루 살펴 왜 잎이 시들었는지 근본적인 원인을 찾아 해결해나가는 의학이기 때문입니다.

한방 의학의 철학은 '심신일여心身一如'입니다. 마음과 몸이 깊이 연관되어 있다는 의미지요. 대부분 몸에 나타난 문제는 그 부분만 보아서는 해결되지 않습니다. 건강이 나빠졌다면 그 이유가 마음에서 비롯되기도 합니다. 반대로 마음의 문제가 몸의 영양 부족이나 기능 부전으로 인해 발생하기도 하고요. 따라서 근본적인 원인을 찾아내 마음과 몸의 균형을 바로잡는 것이 이상 증세를 회복시키는 열쇠입니다.

오장五臟이라는 말을 들어본 적이 있으신가요? 오장은 간, 심장, 비장, 폐, 신장으로, 서양 의학에서 말하는 다섯 가지 장기와 몸의 순환을 위해 작용하는 기능을 가리킵니다. 각각의 장기는 인간의 감정과도 밀접하게 연관되어 있어서 오장이 제각각 균형 있게 기능해야 몸과 마음이 건강하게 유지됩니다.

간의 기능이 약해지면 초조해지고 화를 잘 내게 되며, 비장이 약해지면 의욕을 잃기 쉽습니다. 오장의 활동과 균형이 바로잡혀야 신체 순환이 좋아지고, 자연스레 마음이 평온해지며 몸 상태가 개선됩니다.

저 역시 환자의 증상만이 아니라 생활 환경이나 마음 상태를 살피면서 몸 구석구석을 흐르는 기氣, 혈血, 수水의 흐름을 바로잡고 있습니다.

18

「나의 변화」에 민감해지세요

어제의 나와 오늘의 나,
어딘가 다른 점이 있나요?
컨디션은? 피부 윤기는?
눈을 밝혀 나를 관찰하세요.

진료실에서는 우선 환자를 '보는' 것부터 시작합니다.

한방 심료내과 진료실에서는 엑스레이 촬영이나 혈액 검사가 아니라, 만지거나 보거나 하는 오감을 이용한 네 가지 진단 방법을 사용합니다. 바로 '망진望診, 눈으로 진찰', '문진聞診, 들어서 진찰', '문진問診, 물어서 진찰', '절진切診, 만져서 진찰'입니다. 오감과 기술, 지식, 경험을 종합적으로 운용하는 진찰이라고 말할 수 있지요.

먼저 '망진'은 환자의 상태를 눈으로 관찰합니다. 특히 중요한 것이 혀입니다. 혀는 내장의 상태를 드러내므로 병이나 증상의 원인을 알 수 있습니다. 또 안색은 어떤지, 표정은 밝은지, 피부 윤기와 거칠어진 정도를 확인합니다. 체형과 동작 등도 살펴봅니다.

그런 다음 '문진聞診'을 시작합니다. 목소리를 진찰하는 것이지요. 환자의 목소리에 힘이 있는지 없는지, 또한 호흡의 상태, 기침 소리, 구취도 확인합니다.

그다음에 진행되는 것이 '문진問診'입니다. 이는 서양 의학과 같습니다. 생활 습관과 수면 상태, 현재의 병뿐만 아니라 지금까지 앓았던 병이나 체질 등도 확인합니다.

그리고 마지막으로 '절진切診'입니다. '절切'은 중국어로 '접接'을 의미합니다. 환자의 몸에 접촉해 맥을 짚어보고 배를 만져서 몸의 상태를 파악합니다.

이들 중에는 굳이 진료를 받으러 가지 않더라도 혼자서 진찰할 수 있는 것도 있습니다. 평소 자신의 몸을 눌러보거나 거울에 비추어 혀를 비롯한 이곳저곳을 확인하며 자기 자신의 상태에 민감해지세요. 몸의 이상도, 마음의 작은 근심도, 커지기 전이라면 어느 정도 스스로 다스릴 수 있습니다.

19
「자연치유력」을 잊지 마세요

누구나 스스로 나아지는 힘을 지니고 있어요.
'괜찮아, 분명 좋아질 거야'
나에게 건네는 말이 그 힘을 끌어냅니다.

한방약은 스스로 치유하는 힘, 즉 자연치유력을 회복시키는 약이기도 합니다. 체질과 상태에 따라 처방하는 약은 다르지만, 처방에 문제가 없는 한 시간이 지나면 개선의 여지를 보이지요.

그래서 저는 늘 환자에게 "괜찮아요, 분명 나을 거예요"라는 말을 건넵니다. 환자 중에는 "당신이 뭘 알아"라며 노여워하는 분도 계시지만, 그래도 "걱정 마세요, 꼭 나을 겁니다"라며 굽히지 않고 부단히 전달하고 있어요.

이것은 단순히 위로하기 위해 건네는 말이 아닙니다. 사람은 누구나 본디 '스스로 나아지는 힘'을 가지고 있으며 한방약은 그 힘을 끌어냅니다. 나아지는 힘을 가지지 않은 사람은 없습니다. 자신의 치유력을 믿으면 신기하게도 몸은 이에 반응합니다.

한번은 온몸에서 통증이 일어나는 섬유근육통 환자가 내원한 적이 있습니다. 10대 환자였는데 이런저런 치료를 해도 차도가 없자 한방약을 시도해보려고 찾아온 거죠.

그 환자에게는 당귀사역가오수유생강탕과 반하후박탕

을 처방했습니다. 그러자 이제껏 통증 때문에 불면에 시달렸는데 덕분에 편히 잠들 수 있게 되었다며 함박웃음을 보여주었습니다.

한방은 약으로 모든 병을 낫게 한다기보다 그 사람이 가진 '나아지려는 힘'을 끌어내는 약입니다. 어쩌면 지금까지 치료에 썼던 약이 효과를 보기 시작한 걸지도 모릅니다.

미래를 새롭게 열어갈 힘이 자신에게 있다고 믿고 "괜찮아, 분명 나아질 거야"라는 말을 건네보세요. 우리 몸은 그 성원에 부응하듯이 생명력을 발휘해줄 것입니다.

20
「움직여서」 의욕을 일으키세요

아무것도 손에 잡히지 않을 때는
일단 몸을 일으켜보세요.
움직이면 의욕은 따라옵니다.

"뭘 해도 의욕이 안 생겨요"라고 말하는 환자를 종종 만납니다.

의욕을 되찾기 위해서는 자신을 질타하거나 다그치기보다 일상생활을 개선하는 쪽이 훨씬 중요합니다. 즉 마음을 어떻게든 다스리려 하기보다 몸을 살펴봐야 합니다.

식생활을 개선하여 신경 전달 물질인 도파민의 생성을 돕는 아미노산과 뇌의 피로 회복에 도움을 주는 비타민 B군을 적극적으로 섭취하세요. 또 잠을 푹 자고 햇볕을 쬐면 뇌를 안정화하고 활성화하는 신경 전달 물질인 세로토닌이 분비됩니다.

몸을 움직이면 뇌로 향하는 혈류량도 증가합니다. 그래서 머리를 써야 하는 일이 있을 때, 잠깐이라도 준비 운동을 해두면 두뇌 회전이 빨라집니다.

한번은 70대 환자에게 "라디오 체조를 하루에 한 번만 따라 해도 뇌가 활성화된답니다" 하고 조언했던 적이 있는데, 다음 진료 때 "선생님 말씀을 듣고 체조를 했더니 아침에도 쌩쌩해졌어요"라고 하시더군요. 눈에 띄게 활기가 넘치고 밝아지셔서 기억에 오래 남았습니다.

  인간은 의욕이 생겨서 어떤 일을 시작하는 것이 아니라, 먼저 움직이기 시작해서 의욕이 생긴다는 사실이 뇌과학 연구를 통해서도 밝혀졌습니다.

  큰일이 아니어도 좋으니 작은 일부터 시도해보세요. 이것저것 따지지 말고 일단 해보는 것도 효과적입니다. 의욕은 나중에 뒤따라오기 마련입니다.

21
「규칙적인 리듬」을 만드세요

생활 속의 정해진 규칙은
작은 변화에 눈뜨게 합니다.
적어도 하루의 시작과 끝은
정해진 루틴으로 채우세요.

아침과 저녁, 저는 규칙적인 리듬을 의식하며 생활합니다. '하루는 이걸로 시작해 이걸로 끝낸다'라는 규칙을 정해두면 생활의 리듬을 정돈할 수 있어요.

아침 여섯 시에 일어나 커튼을 열고 햇빛을 잔뜩 쬐면서 하루를 시작합니다. 세수하고 양치를 한 다음, 옷을 갈아입고 불단* 앞에 섭니다. 그리고 반야심경을 읊조립니다. 예전에 어머니가 외던 모습을 옆에서 듣다 보니 어느새 외우게 되어 생긴 습관으로, 5분가량 되뇝니다. 이 일련의 흐름이 저의 아침 일과입니다. 반야심경을 외는 목소리로 그날의 몸 상태도 확인하고요.

그런 다음 함께 사는 둘째 딸이 준비해준 아침을 먹습니다. 맨 처음에 100퍼센트 채소 주스를 마시고 요구르트를 먹고 우유와 토스트를 먹습니다. 마지막은 과일입니다. 날마다 번갈아 가며 사과나 키위, 바나나를 먹습니다. 늘 정해진 순서대로 먹으면서 조금씩 몸의 기능이 깨어나는 것

---

* 일본에서는 집 안에 작은 불상이나 조상의 위패를 모신 불단을 두고 제사나 기도를 올립니다.

을 느낍니다.

점심 도시락을 먹고 난 뒤 오후에는 진료 사이에 간식으로 당분을 보충합니다. 일본에서는 오후에 먹는 간식을 '오후 세 시'라는 뜻의 '오산지'라고 부르기도 하는데, 지친 뇌에 당분을 보충하기에 딱 좋은 시간이라 단것을 조금씩 사두고 접수 업무를 보고 있는 둘째 아들과 함께 즐깁니다.

저녁에 병원에서 돌아오면 저녁밥은 대체로 밤 여덟 시에 먹습니다. 생선 등의 단백질은 빼놓지 않으며 염교와 낫토도 꼭 챙겨 먹습니다.

이렇게 적어보면 별반 다르지 않은 하루로 보이지만, 정돈은 규칙을 만드는 것에서부터 시작됩니다. 덕분에 이 나이에도 매일 건강하게 지내고 있으니 고마운 루틴입니다.

22
아무튼 「걸으세요」

출퇴근은 항상 걷거나 버스를 이용합니다.
자신만의 속도로 빠르게 걷기는 좋은 운동이지요.
몸을 움직이는 습관을 꾸준히 유지하세요.

감사하게도 아직까지 일주일에 6일이나 일을 나가고 있습니다. 그중 이틀은 교토부의 시설에서 촉탁의(의사가 상주하지 않는 노인요양시설 등을 주기적으로 방문해 입소자의 건강 상태를 확인하는 의사)로 일하고 나머지 나흘은 우리 병원으로 출근하고 있지요.

건강이나 체력 유지를 위해 딱히 하는 건 없지만, 일상생활에 녹아 있는 운동 습관이 나이가 들어도 크게 불편한 곳이 없는 비결입니다.

가방을 메고, 같이 사는 둘째 딸이 만들어준 도시락을 손에 들고 혼자서 집을 나섭니다. 300미터 정도를 걸어가 집에서 가장 가까운 버스 정류장에서 버스를 탑니다. 그리고 병원 근처에서 내려 병원이 있는 건물까지 걷습니다.

택시를 부르거나 데려다 달라고 하지 않습니다. 편하게 지내면 그만큼 체력이 떨어지기 때문에 의무적으로 매일 일정한 거리를 걷고 있습니다.

나이가 들면서 체력이 떨어진다고 느끼는 사람이 많은데, 실제로 인간의 근육은 20대에 최대이고, 30세를 넘으면 서서히 감소해 10년마다 5퍼센트에서 10퍼센트의 근력이 감소한다고 합니다.

  평소 생활에서도 근육은 줄어들기 쉬우니 주의가 필요합니다. 만약 쉽게 넘어지거나, 서 있기가 힘들고, 금세 피로해지며, 구부정한 자세가 편하다면, 매일매일 잠깐이라도 좋으니 걸어보세요.

  노화를 막아주는 걷기 방법도 있습니다. 빠르게 걷기 3분, 천천히 걷기 3분을 반복하면서 그렇게 매일 30분 정도 걷는 것이지요. 내가 할 수 있는 범위에서 계속해보세요. 걷기가 습관이 되도록 생활 리듬을 만드는 것이 중요합니다.

23
「편안한 신발」을 선택하세요

평소에 신는 신발을 바로 떠올릴 수 있나요?
나에게 잘 맞는 신발은 사람을 활동적으로 만듭니다.

좋은 신발은 사람을 활기차게 만들고 한 걸음이라도 더 움직이게 만드는 마법 같은 존재입니다. 사업하는 사람들은 신발을 보면 그 사람을 알 수 있다고 하던데, 그만큼 나이를 먹을수록 나에게 맞는 신발을 선택하는 일이 중요해 보입니다. 신기 좋고 걷기 편한 신발을 신는다는 건 넘어지지 않는 부적을 지닌 것과 다를 바 없으니 말입니다.

제가 평소에 신는 신발은 독일 브랜드인 베어BÄR 제품입니다. 닳을 때마다 같은 신발을 몇 번이나 재구매해 이제는 제 발이나 마찬가지라고 할 수 있지요. 밖에 나가려면 신발이 꼭 필요하고 특히 고령이 되면 그동안 걸었던 방법이나 신었던 신발에 따라 편평발이나 무지외반증 같은 변형이 생기는 일도 적지 않습니다. 또 당뇨병에 걸린 사람은 신발에 쓸린 작은 상처도 치료하기 어렵고, 혈액 투석을 하는 사람은 발이 쉽게 부어오르는 등 질병으로 인해 생기는 발 문제도 많습니다. 그러니 내 발에 잘 맞는 신발을 선택하는 일을 왜 강조하는지 아시겠죠?

이제껏 신발에 관심이 없던 사람도, 건강해지고 싶은 사람도, 신발은 신중히 골라야 합니다. 신기 쉽다고 큰 치수를 고르거나 신발 뒤축이 부드러운 걸 선택하면 보행에는 좋지 않은 영향을 줍니다.

평생을 건강히 걷기 위한 신발은 구명줄 같은 소중한 존재입니다. 뒤축이 안정적이고 신발 바닥이 너무 푹신하지 않은 신발, 넘어지는 걸 방지하기 위해서 발끝이 살짝 올라가 있는 신발, 미끄러지지 않는 소재의 신발을 꼭 신어 보고 선택하세요.

24
「나만의 건강법」을 찾으세요

날마다 손톱 지압을 하고 있어요.
모세혈관이 밀집된 손끝의 자율신경을 조절해
혈액순환을 도와줍니다.

일상생활에서 할 수 있는 나만의 건강법을 만들어 꾸준히 실천하는 것은 매우 중요합니다.

저는 출퇴근할 때 빠른 걸음으로 걷고, 진동 타입의 근력 운동 기기를 이용할 뿐만 아니라, 그 외에도 실천할 만한 건강법을 찾기 위해 매일 이런저런 문헌을 살피고 인터넷을 검색합니다.

그중에서도 자신 있게 환자에게도 추천하는 방법은 제가 매일 실천하고 있는 '손톱 지압법'입니다. 면역학자인 아보 도오루 선생님의 책에서 알게 된 건강법으로, 손쉽게 할 수 있고 자율신경을 조절해주어 하루에 한두 번은 버스를 기다릴 때 꼭 하고 있어요.

지압 방법은 간단한데, 손톱 뿌리의 좌우 양쪽을 꾹꾹 눌러주기만 하면 됩니다. 강도는 아프면서도 시원한 정도가 적당하고 각 손가락을 10초씩 누릅니다.

손톱 주위의 정혈井穴을 동양 의학에서는 자율신경을 조절하는 급소라고 봅니다. 손가락마다 다양한 효과를 기대할 수 있지요. 엄지손가락은 아토피 피부염과 천식, 집게손가락은 위궤양 등의 소화기 계통, 가운뎃손가락은 이명 등의 귀 기능과 연관되어 있습니다. 약손가락은 교감 신경을 자극하며, 새끼손가락은 우울증, 알레르기, 건망증, 불면, 고혈압, 어깨 결림, 두통, 빈뇨 등에 효과가 있습니다. 손끝에는 모세 혈관이 밀집되어 있어서 손톱을 지압하면 혈관의 혈류가 촉진됩니다.

건강법의 핵심은 '이렇게 하니까 컨디션이 좋아졌어'라고 체감한 자신만의 것이어야 한다는 점입니다. 스스로 찾아 직접 해보니 효과가 좋아 계속하게 된 건강법은 내 마음을 긍정적으로 만들어줍니다. 실제로 기의 흐름도 개선되고 효과는 훨씬 커집니다.

25
돈보다 '근육」을 모으세요

저금貯金보다 저근貯筋!
뇌 건강을 위해서도
근력은 매우 중요합니다.

나이가 들어 근육량이 감소해 신체 기능이 떨어지는 것을 '근감소증sarcopenia'이라고 합니다. 근력 저하는 건강수명*을 줄이는 원인 중 하나예요.

근력이 줄어들어 걷기, 서기 같은 기본적인 동작 수행이 어려워지면 밖에 나가기를 주저하게 되고, 근력 감소도 점차 빠르게 진행됩니다. 몸을 움직이지 않으면 뇌로 가는 혈류가 줄어들고, 사람을 잘 만나지 않으므로 말을 할 기회가 적어지고, 대화의 감소는 인지 기능 저하로 이어집니다. 이렇듯 근력은 건강하게, 오래 살기 위해 꼭 필요한 것입니다.

근육량 감소는 70세를 넘어서며 증상을 자각하는 사람이 많다고 하지만, 65세 이상 고령자의 약 15퍼센트가 근감소증에 해당한다는 연구 결과도 있습니다.

다행히 근육은 나이가 들어도 단련할 수 있어요. 저는 출퇴근 때뿐만 아니라 시간적 여유가 생기면 많이 걸으려고

---

* 기대수명에서 질병 또는 장애를 가진 기간을 제외한 수명을 말합니다.

노력합니다. 병원에서 일을 시작하기 전에 진동 운동 기구에 발을 올리고 10분 정도 운동을 하고요. 부담 없이 할 수 있으니 문명의 이기를 잘 활용하면 편리하고 효율적이라는 생각이 듭니다. 새로운 것에 대한 거부감을 내려두고 적절히 활용해보길 바랍니다.

가벼운 스트레칭이나 앉은 자세에서 할 수 있는 허벅지와 복근 단련 운동부터 시작해보세요. 식사 때에는 단백질을 꼭 챙겨 드시고요.

26
「아침밥」을 제대로 드세요

아침밥은 먹었나요?
하루 세 번의 식사를 소중히 여기세요.
특히 단백질을 잊지 마세요.

진료실로 들어온 환자에게 저는 제일 먼저 "아침밥은 드셨나요?"라고 묻습니다. 이어서 "식사는 어떤 걸 어떻게 드셨나요?"라고 여쭙지요. 제가 겪은 바로는 아침 식사를 하지 않는 환자가 매우 많은 듯합니다. 먹은 음식이나 식습관에 대해 질문하는 건, 마음의 문제와 음식은 떼려야 뗄 수 없는 관계이기 때문입니다.

정신적으로 지쳤을 때는 단백질이나 철분, 영양이 충분치 않은 상태일 확률이 높습니다. 의사 일을 잠시 쉬고 있을 때, 죠시에이요대학의 통신교육과정에서 배운 지식을 바탕으로 영양학과 한방을 접목해 사람들에게 영양에 관련된 조언을 했습니다. 그때 만났던 사람들 중에서는 영양 부족이나 내장 질환이 불안장애나 적응장애 등의 스트레스에서 비롯되는 경우도 있었습니다. 반대로 신체 증상 장애에 따른 통증, 구토감, 저림 등의 신체 증상이나 일부 우울증은 마음의 상태가 신체에서 먼저 나타납니다.

일반적으로 부족한 단백질을 다량 섭취하기만 해도 뚜렷한 이유 없이 허약하던 몸 상태가 좋아지기도 합니다.

물론, 세간에서 아무리 몸에 좋다고 해도 어떤 이에게는 맞지 않을 수도 있습니다. 장 건강을 지키는 일은 중요하지만, 요구르트를 먹는다고 누구나 건강해지지는 않아요. 오히려 과민대장증후군은 발효식품을 먹으면 상태가 더 나빠지기도 하고요. 내 몸에 무엇이 맞고 맞지 않는지 아는 것이 중요합니다.

27
「등 푸른 생선」을 드세요

등 푸른 생선을 꾸준히 섭취하세요.
생선을 많이 먹을수록 우울증이 적고
마음의 병이 잘 낫는다고 합니다.

우울증이나 지속성 애도장애(사랑하는 사람을 잃은 후 슬픔이 지속되는 심리적 상황)가 있는 환자에게는 등 푸른 생선의 오메가3 지방산을 섭취하도록 권합니다.

오메가3 지방산은 체내에서 생성되지 않기 때문에 음식으로 섭취해야 하는 필수 지방산이에요. 최근 연구에서 오메가3 지방산에 불안감을 완화하는 효과가 있음이 밝혀지기도 했습니다. 신체 질환이나 정신 질환을 안고 있는 사람에게 특히 효과가 있음을 인정받았고요.

한 60대 여성이 "친구의 남편이 죽었는데 내 일처럼 슬퍼요"라고 호소하며 '내 남편이 죽으면 난 어떻게 하지?'라는 불안을 안고 찾아왔습니다.

진료 결과 기력이 약해진 기허 상태로 보여 기를 보충하는 한방약을 처방했습니다. 그리고 "오메가3 지방산이나 오메가6 지방산을 섭취하세요"라고 권한 뒤, 상태를 지켜보았지요. 그러자 얼마 후, 우울 증상이 개선되고 활력을 되찾으셨습니다.

오메가 지방산은 인지 기능이 떨어지는 걸 막는 데도 효과가 있다고 하니, 뇌와 마음 건강을 지키기 위해서 적극적으로 섭취하시길 바랍니다.

28
「식양생」을 기억하세요

음식은 '약'이 되기도 해요.
예로부터 전해 내려오는
'식약생'의 지혜를 빌려보세요.

동양 의학에서 몸과 마음의 이상 신호는 자연치유력이 저하된 것이라고 봅니다. 이때 자연치유력을 끌어올리는 것을 '양생'이라고 하는데, 몸을 쉬게 하거나 운동을 하는 '휴양생休養生', 안정을 취하거나 마음이 평온해지기 위해 노력하는 '심양생心養生', 식생활을 관리하여 심신의 기능을 회복시키는 '식양생食養生'이 있습니다.

그중에서도 저는 특히 식양생을 강조합니다. 식양생에서는 균형 잡힌 식생활이 중요한데, 일본에는 권장하는 식재료들의 머리글자를 따온 '마고와야사시이('손자는 착하다'라는 뜻의 일본어)'라는 말이 있습니다.

'마'는 콩(마메)입니다. 그중에서도 대두는 이소플라본(여성 호르몬인 에스트로겐과 비슷한 기능을 담당하는 단백질)이 풍부합니다.

'고'는 참깨(고메)를 말합니다. 참깨에 들어 있는 세사민은 항산화 작용을 도와줍니다.

'와'는 미역(와카메) 등의 해조류입니다. 칼슘과 식이섬유를 다량 함유하고 있어요.

'야'는 채소(야사이)를 말합니다. 그중에서도 당근이나 시금치 같은 녹황색 채소가 중요합니다.

'사'는 생선(사카나)입니다. 앞에서도 강조한 것처럼 등 푸른 생선에서는 오메가3 지방산을 얻을 수 있습니다.

'시'는 표고버섯(시이타케) 같은 버섯류를 말합니다. 미네랄이나 비타민, 식이섬유가 풍부하지요.

'이'는 감자, 고구마, 토란류(이모)입니다.

매일 다 챙겨 먹지 못하더라도 무엇을 먹으면 좋을지 의식하는 것만으로 식생활은 달라집니다. 저는 매일 먹는 것에 균형을 맞추기 위해 신경 쓰고 있으며, 추가로 염교를 꼭 챙겨 먹습니다. 염교에는 피로 회복과 혈액순환, 살균작용, 고혈압과 붓기를 없애는 효과 등이 있어서 밤에 섭취하는 것이 좋습니다. 예로부터 전해 내려온 식생활의 지혜를 꼭 적용해보시길 바랍니다.

29
「몸의 소리」에 귀를 기울이세요

단것이 계속 당긴다면
단백질 부족일 수도 있어요.
몸은 필요한 영양소를 알려줍니다.

건강을 위한다며 과도하게 식사를 제한할 필요는 없습니다. 정크 푸드도 가끔 즐기는 거라면 문제가 되지 않아요. 저는 과자 코너에서 발견한 작고 귀여운 과자를 사기도 하고, 손주와 제가 가장 좋아하는 KFC에 가기도 한답니다.

다만 어떤 음식이 유독 당긴다면 원래 있어야 할 영양소가 부족한 건 아닌지 생각해볼 필요가 있어요. "단것이 심하게 당길 때는 몸이 필요하다고 느껴서 그런 걸까요?"라는 질문을 받기도 하는데, 당분이 부족해서 단것이 당기는 건 아닙니다. 실제로는 단백질이 부족한 경우가 대부분이지요.

단백질은 몸을 구성하는 필수 영양소입니다. 단백질이 부족하면 뇌 안에서 신경 전달 물질을 잘 만들지 못해 에너지로 전환하기 쉬운 포도당으로 재빨리 영양을 보충하려고 합니다. 그래서 단 음식이 당기는 겁니다.

사람의 몸은 본능적으로 필요한 영양소를 섭취하도록 지시합니다. 한방약은 영양소는 아니지만 "약이 많이 쓴가요?"라고 물으시던 분이 "맛있어서 놀랐어요"라고 말씀하시기도 합니다. 이는 한방약이 갑자기 달아진 게 아니라 몸에서 필요로 했기 때문에 그렇게 느껴진 겁니다. 몸은 지금 우리에게 무엇이 필요한지 알려주고 있습니다.

30
입은 「생명의 입구」임을 기억하세요

꼭꼭 씹으세요.
입은 생명의 입구이자
건강한 장수의 핵심입니다.

식사의 중요성은 앞서도 말했지만 먹는 방법, 즉 음식을 입에 넣었을 때 제대로 씹는 것도 매우 중요합니다.

타액 분비는 저작 활동을 통해 촉진되기 때문에 음식물을 이로 꼭꼭 씹어야지만 소화액이 골고루 전달됩니다. 또 턱이 움직이려면 저작근뿐만 아니라 볼과 입술, 혀 등의 모든 근육이 움직여야 하므로 입 주변은 수많은 신경에 둘러싸여 있습니다. 삼킬 때도 혀 근육이나 목뿔뼈 근육 등 수많은 근육이 연동되어 움직이고요. 이는 모두 뇌의 명령에 따라 움직이는 것이라서 꼭꼭 잘 씹으면 그만큼 뇌의 기능이 활성화됩니다.

나이를 먹을수록 치매에 걸릴까 봐 걱정하는 사람이 많은데, '꼭꼭 씹기'를 비롯하여 생활 습관을 개선해 뇌를 활성화하면 치매에 걸릴 위험을 낮출 수 있습니다. 꼭꼭 씹으면 기억의 사령탑이라고 불리는 해마를 자극해 단기 기억을 붙들어주어서 치매 위험이 낮아진다고 합니다. 스트레스 감소와 마음을 안정시키는 세로토닌 분비가 증가함도 확인되었고요. 이로운 일만 가득하지요. 저작 활동은 뇌의 건강 유지를 위해 꼭 필요한 훈련이니, 꼭꼭 씹어서

먹는 습관을 들이세요.

또 나이가 들면서 음식을 삼키기 어렵다거나 사레들리는 일이 늘었다면 말을 빨리 하기, 목과 입 주변 마사지하기, 노래 부르기 등으로 삼킴 기능을 회복하려고 노력해야 합니다.

31
「타고난 치아」를 유지하세요

죽기 전까지 내 치아로 살 수 있다면.
매일 하는 양치는 이와 이 사이, 잇몸도 신경 쓰세요.
먹는다는 건 산다는 것입니다.

치과 의사였던 남편은 본인이나 가족의 구강 관리에 대해 잔소리하는 법이 거의 없었습니다. 남편은 칫솔의 솔이 마모될 정도로 같은 칫솔을 오래 썼고, 아이들에게는 "치열은 성격을 드러내지"라는 장난스러운 말을 던졌지만, 충치 치료는 강조해도 교정 이야기는 꺼내지도 않았어요.

그래도 환자에게는 늘 "부드러운 솔을 사용해주세요. 표면을 박박 닦는 것이 아니라 이와 이 사이를 청소하듯이 깨끗이 닦으세요"라고 힘주어 말하곤 했지요.

인생 100세 시대에 건강수명을 늘리려면 30대부터 구강 관리를 꼭 해야 합니다. 1989년부터 펼쳐진 '80세에 20개 이상의 자연 치아를 유지하라'라는 8020운동은 후생성(현재의 후생노동성)과 일본 치과의사회에 의해 추진되었습니다. 자연 치아가 20개는 남아 있어야 음식을 잘 씹을 수 있다는 이유에서 시작되었지요.

일본 치과의사회가 65세 이상 노인을 대상으로 실시한 조사에 따르면, 남아 있는 치아가 많은 사람일수록 수명이 길다는 사실이 밝혀졌습니다. 그런데 최근에는 30대에 치주염에 걸린 사람의 비율이 세 명 중 두 명에 이른다고 합니다. 치주염은 치매나 심질환, 당뇨병에 영향을 준다는 연구 결과도 나오고 있는 터라, 구강건강 관리가 건강수명과 밀접한 관련이 있다는 것은 부정할 수 없어 보입니다.

  매일 정성껏 하는 칫솔질은 감염병 예방도 기대할 수 있습니다. 표면을 닦는 게 아니라 치아 사이를 청소할 것. 그렇게 말하던 남편의 목소리가 여전히 귓가에 울리는 듯합니다.

32
「유병장수」하세요

인생 후반은 무병장수보다 유병장수.
나이가 들수록 완벽을 추구하기보다
지금 가진 것에 감사하는 마음으로
하루하루를 보내세요.

신사에서 판매하는 부적에는 '무병장수'라 적혀 있지만, 나이를 먹고 보니 유병장수가 현실적이라는 생각이 듭니다. '작은 병 하나쯤 있는 편이 오히려 건강을 돌보게 해 결과적으로 장수하게 된다'라는 의미라고 할까요.

병에 걸리거나 마음이 지쳐 움직이기 힘들어지거나 나이가 들어 할 수 없는 일이 많아지면 비로소 '건강이 최고구나', '내가 그동안 무리했었네'라는 깨달음을 얻어 몸을 돌보게 됩니다. 또 나이가 들면서 지병으로 약을 먹게 되면 건강에 더 신경을 쓰게 되고요. 병원을 자주 다니다 보면 병에 걸려도 조기에 발견할 수 있어 결과적으로 더 오래 살게 된다는 이야기입니다.

무병장수가 아니라 유병장수의 시대입니다. 병에 걸리지 않는 것도 중요하지만, 병에 걸렸다고 해서 자신을 방치하거나 건강을 포기할 필요는 없습니다. 있는 그대로의 자신을 보살피면서 살아가면 됩니다.

저는 다행히 지금까지 큰 병을 앓지는 않았지만, 70세를 넘어서며 무릎에 통증을 느낀 뒤로는 무릎을 꿇고 앉을 수가 없습니다. 대학 시절 활동했던 다도부에서 여는 다과회에 참석하지 못하는 점은 아쉽지만, 그 이후로 무릎에 무리가 가는 일은 주의하면서 더 세심하게 나를 돌보게 되었습니다.

  나이를 먹으면 누구나 어디 한 군데쯤 안 좋은 부분이 생기기 마련입니다. 나이가 들어서도 젊을 때와 똑같으려고 애쓸 필요는 없습니다. 사람은 자신이 무엇을 가지고 있지 않은지보다 무엇을 가지고 있는지 깨달을 때, 자연스레 주어진 것에 감사하며 스스로를 보살피게 됩니다.

33
「잠을 못 자도」 걱정하지 마세요

수면은 중요하지만
스트레스를 받지는 마세요.
'잠을 못 자도 괜찮아'라는
마음가짐을 권합니다.

여태껏 만난 수많은 환자 중에는 불면으로 힘들어하는 사람이 정말 많았습니다. 어느 나이대건 흔히 볼 수 있는 증상이지만, 나이가 들면 자연스럽게 수면이 얕아지는 경향이 두드러집니다.

'나이가 들어서 어쩔 수 없다'라고 말하는 이도 있지만, 수면이 잘 이루어지지 않으면 심신의 균형이 무너지기 때문에 역시 양생이 필요합니다.

1. 하루의 리듬을 만들고 지킨다.
2. 잠자기 직전에는 목욕하지 않는다.
3. 식사는 정해진 시간에 잘 챙겨 먹는다.
4. 효과가 있다면 잘 때 배경음악을 활용한다.
5. 수면제를 쓴다면 단시간 작용하는 것을 이용한다.

이러한 지침을 실천하는 것만으로 수면의 질은 좋아집니다.

저도 개원 당시 잠 못 드는 날이 이어져 불안감이 컸는데, 이러한 쾌면법과 함께 손톱을 지압하거나 발바닥을 다른 쪽 발로 마사지하면서 너무 신경 쓰지 않도록 주의했습니다. 요즘도 잠자리에 들기 전에 시호가용골모려탕이라는 한방약을 복용하기도 합니다. 그 이후로는 비교적 아침까지 푹 자는 편이지요.

물론 침실 환경도 중요합니다. 제 침구는 여러 시행착오 끝에 천천히 가라앉는 저탄성 침대와 저탄성 베개로 선택했습니다. 잠 못 드는 걸 부정적으로만 받아들이지 말고 나에게 좋은 잠이란 무엇인지 관심을 가지고 탐구해보시길 바랍니다.

34

나를 「탓」하지 마세요

짜증이나 분노가 가라앉지 않는 데는
다양한 원인이 있습니다.
영양 부족, 수면 부족, 운동 부족,
이 세 가지를 먼저 점검해보세요.

직장에서 받는 스트레스나 가족 관계 문제로 화를 다스리지 못하는 분들이 간혹 계십니다.

교육 현장, 의료계, 일반 회사 등 다양한 분야에서 일하는 분들이 그러한 이유로 저희 의원을 찾아주시는데요. 어떤 업종이든 책임을 져야 하는 위치에 있거나 가정에서 혼자만 애쓰는 상태이거나 참기만 해야 하는 상황이 계속될 때, 분노가 치밀고 마음이 초조해진다는 분들이 많은 것 같습니다.

"직장 동료가 일을 떠맡겨요", "며느리가 손주를 안 보여줘요" 등 상황을 털어놓으시는데, 저는 오히려 덤덤하게 "식사는 잘하세요?", "잠은 충분히 주무시나요?"라고 여쭈어봅니다. 왜냐하면 그 분노가 생기는 원인은 화가 나는 대상의 문제가 아니라 대부분이 자신의 영양 부족, 수면 부족, 운동 부족이기 때문입니다.

또 나이 드신 분들이 화를 참지 못하고 사소한 일에 폭언을 내뱉는 일이 있습니다. 분노는 치매의 초기 증상이기도 하지만, 치매가 아니더라도 나이 듦에 따라 뇌의 기능이 약해지면서 감정 억제력도 약해집니다.

  뇌세포의 건강을 유지하기 위해서는 뇌혈관을 건강하게 유지하는 것이 중요합니다. 생선의 지방에 다량 함유된 DHA나 EPA 등의 오메가 지방산을 충분히 섭취하세요. 저도 매일 잊지 않고 챙겨 먹으려 신경 쓰고 있답니다.

35
「숨은 스트레스」를 찾으세요

환경이 바뀌었다면
컨디션이 최상이라 느껴져도
몸과 마음에는 스트레스일 수 있어요.
몸의 변화에 민감해지세요.

환경의 변화는 본인이 자각하지 못해도 나도 모르게 스트레스를 받는 일입니다. 89세에 병원을 개업했을 당시, 긍정적인 성격의 저도 부담을 느꼈는지 위궤양에 걸렸었지요. 곧장 병원으로 달려가 위내시경 검사를 하고 약도 받았지만, 얼마간은 식욕도 없고 위 통증에도 시달렸습니다. 또 스트레스로 머리카락도 많이 빠져 역시 몸과 마음은 깊이 연관되어 있다는 사실을 몸소 느꼈습니다.

최근 몇 년은 코로나19 대유행으로 인해 바란 것도 아닌데, 어쩔 수 없이 환경의 변화를 겪게 된 사람이 많습니다. 비상 상황에 '모두가 참고 있으니까', '시기가 이러니 어쩔 수 없지'라며 나의 괴로움이나 불안을 무시하고 너무 애쓰다 보면, 어느 날 갑자기 집을 나설 수 없게 된다거나 움직일 수 없게 되는 일이 생기기도 합니다. 실제로 그런 일을 겪고 나서 간신히 우리 의원을 찾아오신 분이 적지 않았습니다.

저는 내원한 환자에게 가장 먼저 "오늘 컨디션은 어떠세요?", "오늘은 기분이 어떠세요?"라고 질문하는데, 똑같은 질문을 평소의 자신에게도 던져보길 바랍니다.

　작은 문제는 커지기 전에 해소해야 합니다. 그리고 누구보다도 내가 나에 대해 신경 쓰고 보살펴야 합니다.

36
「얕은 피로」에 익숙해지지 마세요

건강한 사람이 오히려 무리를 합니다.
피로감에 익숙해지지 마세요.

몸이든 마음이든 매일 정성껏 돌보고, 피곤하면 쉬게 하고, 어딘가 아프면 관리하고 정비하면서 살아가야 합니다.

사람은 건강할 때 오히려 무리를 하게 되고 자신이 애쓰고 있다는 것을 알아채기 어렵습니다. 건강이 조금씩 나빠지고 있는데도 피로감에 완전히 익숙해진 나머지, '오늘은 조금 피곤하네'라며 계속 피로를 누적시키죠.

언젠가 "오늘 꼭 진료를 받고 싶어요"라며 오후 진료 마감 직전에 한 환자가 내원하셨습니다. "심료내과나 정신과에 가고 싶지는 않아서 계속 참고 버텼는데, 이제 한계예요"라고 하소연하시더군요. 한방에 관해 설명하자 "그런 어려운 말은 들어도 몰라요"라며 상당히 조바심을 내는 모습이었습니다.

그분은 혈압이 정상 수치를 훨씬 웃도는 200mmHg 이상이어서 이것이 증상의 원인이라고 생각해 한방약을 처방했습니다. 한 달 정도 자택에서 요양하며 약을 잘 챙겨 드시기를 부탁드렸고요. 조금만 늦었어도 심각한 상황이 발생할 뻔했습니다.

동양 의학의 특징은 미병未病에 효과가 있다는 점입니다. 미병이란 질병으로 발전하기 이전의 뚜렷한 이유 없이 컨디션이 좋지 않은 상태를 말합니다. 그때그때 부족한 활력을 한방약으로 보충하고 무너진 자율신경을 바로잡으면, 질병으로 발전하기 전에 건강을 되찾을 수 있습니다.

내가 얼마나 피곤한지, 몸과 마음이 평소와 어떻게 다른지, 나에게 민감해지세요.

37
가끔은 '억지로라도」 쉬세요

바쁘다고 마음을 무시하지 마세요.
가끔은 반강제적으로라도
나를 쉬게 해주세요.

좋아하는 일에 푹 빠져서 바쁜 거라면 문제될 게 없습니다. 그러나 자신의 한계를 넘어설 정도로 과도하게 일을 하면서도 멈추지 못하겠다고 말하는 사람이 있습니다.

바쁜 것이 매우 불만이고 하는 일이 괴롭고 버거운데 그만두지 못한다면, 이것은 일종의 중독이자 의존 증상입니다. 의존 증상이 생기면 불안과 초조함으로 인해 해결할 수 있는 일도 망치게 되고, 일은 계속 쌓이기만 해 끝이 보이지 않는 어두운 터널 속을 향해 가는 것 같은 상황에 빠지고 맙니다.

예전에 학교에서 일하는 선생님이 병원을 찾아오셨던 적이 있습니다. 한 달에 80시간 이상의 시간 외 근무가 이어지며 우울 증상이 생겨 보건교사로부터 심료내과 진료를 권유받았다고 하시더군요.

일단은 집에서 쉬기를 권했으나 "쉴 수 없어요"라고 거부하시길래 "적어도 이틀 일하면 하루는 쉬어보세요. 다른 사람에게 일을 맡기기 어려워도 조금씩 부탁해보세요"라고 조언하고 진단서를 써드렸습니다. 그 후 "남에게는 불안해서 도저히 일을 맡길 수 없었는데, 맡겨보자 마음을 먹고 나니 '그래도 괜찮네'라고 생각하게 되었어요"라고 말씀하시더군요.

만약 업무에 지나치게 집착해서 '아무한테도 못 맡겨', '다 내 책임이야'라는 생각이 든다면, 다른 사람의 도움을 받아서라도 나를 일단 멈춰 세우고 돌보아야 합니다. 자신에게 제동을 걸 수 있는 사람은 오직 나 자신밖에 없으니까요.

38
「도망갈 길」을 마련하세요

몸과 마음이 한계에 다다르기 전에
거기서 단숨에 멀어질 수 있는
'비장의 카드'를 준비하세요.
'도망갈 길'을 좀 더 긍정적으로 받아들여보세요.

'도망갈 길'을 마련해두는 것이 중요하다고 느낄 때가 있습니다.

흔히 '위기를 극복하는 것이야말로 훌륭하다'라는 인식이 있는데, 그것은 어디까지나 좋은 환경에서 자신의 심신이 건강하게 기능한다는 전제가 있을 때의 이야기입니다.

"이 회사를 그만두면 달리 갈 곳이 없어요", "내가 없으면 일이 돌아가질 않아요", "도망치면 안 되잖아요", "책임감 때문에 그만둘 수 없어요" 등등 진료실에서 그렇게 말씀하는 분들이 많은데 저는 묵묵히 듣고 있다가 "정말 그럴까요?"라고 되묻곤 합니다.

내 몸과 마음이 무너지기 전에 안심할 수 있는 환경으로 나를 데려가는 것은 인생의 중대한 선택입니다. 눈앞에 펼쳐진 고된 환경이나 자신의 괴로움을 알면서도 모르는 척하는 것은 그 업무나 환경에서 도망치지 않았을지언정, 자기 자신에게서는 도망친 거라고 볼 수 있어요.

'이게 아니어도 다른 길이 있다'처럼 도망갈 길을 마련해두는 것은 인생에서 중요한 비장의 카드를 지니게 되는 것으로, 인생을 수월하게 살아가는 기술이기도 합니다.

'여기밖에 없어', '끝까지 해내지 않으면 미래는 없어'라며 조바심을 내기보다 '여차하면 다른 데로 갈 수 있으니 괜찮아' 하고 길을 열어두면 차분하게 눈앞의 일에 대처할 수 있습니다. 운 좋게 성과를 거둔다면 결과적으로 도망치지 않아도 되는 상태를 만들어내게 되겠지요.

'도망갈 길'이라는 말을 좀 더 적극적으로, 긍정적으로 받아들여보세요. 길은 많으면 많을수록 좋은 법입니다.

39
「뇌」를 충분히 쉬게 하세요

뇌에 필요한 것은 변화입니다.
바쁠수록 나를 충분히 쉬게 해주세요.
쉬는 것도 중요한 일입니다.

매일 바쁜 업무 탓에 아침부터 밤까지 일만 하다가 몸에 문제가 생겼다는 분이 의원을 찾아오셨습니다. "일이 너무 많으신 거 아니에요?"라고 묻자, "매일 밤늦게까지 일이 끝나질 않아요"라고 대답하셨죠.

과로하시는 분들의 이야기를 들어보면 대부분이 늘 일 생각으로 머리가 꽉 차 있어 집에 돌아가서도 늦은 밤까지 업무를 계속한다고 하시더군요.

업무에서 성과를 내려는 것은 훌륭한 자세지만, '하루 종일 해야만 끝낼 수 있어'라는 마음가짐으로 일하면 일이 제시간에 끝날 리 없습니다. 오히려 '일을 하고 있다'라는 상태에 서서히 의존하게 되면서 책상 앞에 앉아 있는 자체만으로 안도하게 되고 일은 점차 더뎌집니다.

뇌는 시간적 제약이 있어야 활성화됩니다. 공부도 시간을 정해두어야 집중력이 발휘되고요. 반대로 계속 바쁜 상태에 있으면 뇌는 점점 게으름을 피우려고 해 집중력이 떨어진다고 합니다.

저는 보중익기탕을 취침 전에 복용하도록 처방하고 '자

신을 충분히 쉬게 할 것'을 권했습니다. 구체적으로 돌아오는 주에 하루는 꼭 쉬어 뇌가 쉴 시간을 강제로라도 만들라고 주문했지요. 쉬고 나면 뇌는 다시 의욕을 내비칩니다.

일은 인생의 전부가 아니라 인생의 일부에 불과합니다. 그 점을 명심하며 바쁠수록 자신에게 생활과 일상을 되돌려주세요.

40
「있는 그대로」를 보세요

안 되는 건 잊고
'지금 있는 것', '오늘 가능한 것'을 보세요.
살아간다는 건 그런 거더군요.

최근에 검사가 정밀해지며 몸에 조금만 이상이 생겨도 바로 병명이 붙어버리는 시대가 되었습니다. 알레르기 등의 현대병도 늘어나서 아무런 병 없이 건강한 사람이 드문 것 같습니다.

지금까지는 나이 듦에 따라 자연스러운 현상이었던 것이 '질병'으로 진단되어 불안이 가중되거나 복용하는 약이 늘어 몸에 부담을 주기도 합니다.

이러한 시대 흐름 속에서 내 몸의 안 좋은 부분에만 집중하면 갑자기 자신이 불행하다고 느껴질 수도 있어요. 오늘 할 수 있는 일, 오늘 움직여주는 고마운 몸으로 시선을 돌리세요. 안 좋은 부분은 조금씩 다스려나가면 됩니다. 아픈 곳이 있어야 건강의 고마움을 깨닫는다는 것도 사실이고요.

나이 듦에 따라 몸과 마음의 상태가 예전 같지 않고 할 수 없는 일이 늘어나면 필요한 관리도 바뀌게 됩니다. '아직 젊으니까 어떻게든 되겠지', '나는 아직 괜찮아' 하고 과신한 나머지 몸과 마음의 관리를 게을리하면 어느새 녹

슬어버린 몸이 아프다고 아우성칠 것입니다.

  내 상태를 잘 관찰하고, 꾸준히 운동하고, 영양소를 섭취하고, 햇볕을 쬐세요. 그래도 몸이 회복되지 않는다면 한방약으로 다스리거나 필요에 따라 양약을 함께 복용하면서 그렇게 삶을 이어가야 합니다. 저 자신도 그렇게 주어진 생명을 다하고 싶습니다.

41
「의사」와 「약」은 현명하게 쓰세요

갱년기 장애를 방치하지 마세요.
어쩔 수 없다고 포기하지 마세요.
병원과 한방을 적절히 이용하세요.

산부인과에서 진료하던 월경 전 증후군PMS과 월경 전 불쾌장애PMDD를 정신건강의학과에서도 진료하게 된 것은 최근에 와서야 이루어진 일입니다.

PMDD는 PMS로 인해 나타나는 증상 중에서 짜증이나 감정 기복, 불안, 성급함 등의 정서적 증상이 심한 경우를 가리킵니다. PMDD라고 불리게 된 것도 비교적 최근의 일로, 2013년에 우울 장애로 분류되었습니다.

여성의 갱년기는 40대 중반에서 50대 중반에 걸쳐 진행되며, 그 기간에 가족 관계, 직장 내 인간관계, 부모의 간병 문제, 아이의 입시 등 사회적인 요인에 따라 증상이 나빠지기도 합니다. 나타나는 증상은 사람마다 제각각이고, 주변에서 이해받기 어렵다는 문제가 있습니다.

한번은 생리 때마다 강한 초조함과 우울감을 느낀다는 분이 의원을 찾아오셨습니다. "월경 전 증후군입니다"라고 전하자, "엄마는 '여자가 생리할 때는 원래 다양한 감정 변화가 일어난다'고 하셨어요. 생리로 인해 기분 변화가 일어나는 건 어쩔 수 없다고요. 그래서 심하게 초조하고 우울한 게 사실은 병이고, 약으로 치료할 수 있다고는 생각도 못 했어요"라며 놀라셨습니다. 이러한 분들이 적지 않은데, 약으로 증상이 완화된 사례는 아주 많습니다.

이 밖에도 스스로 제어할 수 없을 정도의 분노를 가족에게 표출하고서 우울해한다거나, 일상생활이 불가능할 정도의 불안을 떠안고 있거나, '사라지고 싶다'라는 생각이 들어 괴로워하는 사람도 있는데, 이러한 증상은 방치하지 말고 적절히 약을 써보시길 바랍니다.

42
「조상들의 지혜」에서 배우세요

어디에서도 낫지 않던 증상이
한방약으로 치료되기도 합니다.

영화는 보다가 금세 싫증이 나 그만두기 일쑤인데, 한방에 관해서는 좀처럼 질리지 않고 몇 시간이고 집중할 수 있는 점이 신기합니다.

지금도 한방약에 관련된 논문이나 책을 읽고 온라인 강좌를 수강합니다. 예전에는 학회로 출장도 자주 다녔고요. 배운 지식이 실제로 환자의 증상에 도움이 되는 것을 체감하니 한방에 대한 저의 탐구심은 나날이 깊이를 더해만 갑니다.

예전에 정신건강의학과 병원에 근무했을 때 겪은 일입니다. 한 조현병 환자가 웃을 상황이 아닌데도 웃음을 터뜨려 멈추지 못하는 일이 있었습니다. 그 환자는 같은 방에 있는 사람의 어깨를 계속 두드리고 돌아다니면서 자지러지게 웃다 지쳐서 잠들어버렸는데, '병적 웃음(기분이나 상황에 상관없이 발작을 일으키듯 웃음이 나는 증상)'이라는 흔치 않은 증상이었습니다.

당시 정신과 의사로서 이미 양약과 한방약, 두 가지를 다 처방했던 저는 문득 옛 문헌에서 본 황련해독탕의 효능 중에 '웃음이 멈추지 않는 자를 치료하다'가 있었던 것을 떠올렸습니다. 그래서 그 약을 처방했더니 정말 효과가 있었습니다. 그때까지 다양한 양약을 써도 차도가 없었던 환자의 증상이 호전되었고 모두가 안도의 한숨을 내쉬었습니다.

 한방약의 효과에 대해서는 아직도 과학적으로 해명되지 않은 점이 많지만, 중국의 4,000년이라는 역사 안에서 축적된 지혜에는 놀라움을 금치 못합니다. 그리고 여전히 연구가 계속되고 있는 터라 저 역시 발걸음을 멈추기가 어렵더군요.
 한방 전문의 자격을 유지하려면 5년마다 임상 보고서를 제출해야 하는데, 가능한 한 계속해서 사람들에게 도움이 되고 싶습니다.

미래를 새롭게 열어갈 힘이 자신에게 있다고 믿고
"괜찮아, 분명 나아질 거야"라는 말을 건네보세요.
우리 몸은 그 성원에 부응하듯이
생명력을 발휘해줄 것입니다.

III장

「과거」는 잊으세요

43

「경험」을 잊으세요

경험은 상대를 제압하는 '검'이 아닙니다.
사물을 폭넓게 보기 위한 '나침반'으로 삼으세요.

"나이 들더니 너그러워졌어"라는 말을 듣는 이가 있는가 하면, "나이 들고선 황소고집이 됐군"이라는 말을 듣는 이도 있습니다.

나이를 먹고 너그러워졌다는 말을 듣는 사람은 인생에서 수많은 경험을 쌓으며 시련을 극복한 사람입니다. 어떤 일이 일어나건 어떤 말을 듣건 충동적으로 반응하지 않고 침착하게 '그럴 수도 있지' 하고 너그럽게 받아들이지요.

한편, 나이 들고 생기는 황소고집도 마찬가지로 경험이 풍부해져서 생기는 경우가 대부분입니다. '난 이런 식으로 해왔어', '나 때에는 그렇지 않았어'라며 자신의 경험을 모든 경우의 판단 기준으로 삼기 때문에 주변에서 '융통성 없는 고집불통'이라고 생각하게 만들지요.

진료실을 찾은 고령자 중에도 "이 증상에 한방이 효과가 있을까요? 어서 해보고 싶군요" 하고 기꺼이 시도하는 분이 계시는가 하면, 자신이 먹고 싶은 약만 또는 잘 맞는다고 생각하는 약만 드시거나, 의심의 눈초리를 거두지 않으면서 복용하시는 분 등 각양각색입니다.

'유연한 분이시군' 하고 본받아야지 생각하기도 하고,

반대로 '저런 고집스러움은 아쉽군' 하고 반면교사로 삼는 일도 적지 않습니다.

 인생의 경험치라는 건 상대를 수용하기 위한 너그러움이 되기도 하고, 상대를 굴복시키기 위한 억지 부리기가 되기도 합니다. 당신은 어느 쪽에 가까운 것 같은가요?

44
「좋았던 과거」도 적당히 잊으세요

좋은 일도 나쁜 일도
적당히 잊는 편이 좋습니다.
과거의 훈장을 늘 몸에 지니기보다
'그때'가 아닌, '지금'을
미련 없이 살아가려 합니다.

나의 실패와 다른 사람의 실패처럼 안 좋았던 일에 계속 얽매이지 않는 것은 물론이거니와 과거에 좋았던 일이라도 적당히 잊어야 인생을 즐겁게 살아갈 수 있습니다.

과거의 눈부신 업적, 성과, 경험도 물론 자신이 공들여 쌓아올린 보물임이 틀림없습니다. 하지만 줄곧 훈장처럼 가슴팍에 달고 다니기보다 "그런 일도 있었죠" 하고 때때로 이야기를 듣고 떠올릴 정도가 딱 좋습니다.

내 의식은 과거가 아니라 언제든 '현재'로 돌릴 수 있어야 합니다.

30년 이상 병원과 의원에서 정신건강의학과 의사로 일하며 수많은 환자를 만나왔으나, '정신과 의사로서 이룬 업적은 묻어두자'라는 것이 요즘 저의 솔직한 심정입니다. 지금은 한방약으로 마음의 병을 치료하기 위해 한창 새롭게 도전하는 중이니까요. 눈앞의 환자가 어떻게 하면 좋아질지 매일 부단히 연구하고 적용하는 일로 눈코 뜰 새가 없습니다.

좋은 일이든 나쁜 일이든 과거는 되도록 깨끗이 잊고 언제든 새로운 일에 도전하는, '지금'을 살아가는 사람으로 남고 싶습니다.

45
「실수」는 움직여서 잊으세요

실수했다는 생각이 든다면
만회하기 위해 움직여야 합니다.
움직이다 보면 실수를 잊을 수 있어요.
다른 사람의 실수도 눈감아주세요.

누구나 실수는 할 수 있습니다. 실수하더라도 재빨리 감정을 추슬러 '앞으로 어떻게 해야 할까?'를 생각하고 움직여야 합니다. 중요한 점은 실수하지 않는 것이 아니라, 실수한 자신을 바로 용서할 수 있는지 아닌지입니다.

자신이 한 일을 용서할 수 없는 사람은 내내 자신을 책망합니다. '그때 이렇게 할걸', '또 실패하면 어쩌지?' 하고 의식이 과거와 미래로만 향해 현재에 집중할 수 없어 마음만 괴로워질 뿐입니다.

얼마 전에 제가 겪은 일입니다. 닌텐도 스위치 광고를 보는 순간, 손주들이 사이좋게 가지고 놀면 좋겠다는 생각이 들어 선물을 하기로 마음먹었지요. 딸에게 "집에 게임기 있니?"라고 묻자 없다고 하더군요. 그래서 바로 선물을 보냈는데, 막상 딸에게서는 왜 이렇게 비싸게 샀냐는 둥 더 싸게 살 수 있다는 둥 타박만 돌아왔습니다.

손주들의 기뻐하는 얼굴을 보고 싶은 마음에 상대방의 의향은 묻지도 않은 채 먼저 행동한 점을 잠시 반성했습니다. 그렇지만 별로 개의치 않는 성격의 저는 그마저도 금세 잊어버리고 말았지만요. 반품은 안 한 걸로 보아 그래도 즐겁게 사용하고 있는 듯합니다.

  나의 실패는 물론이고 더불어 다른 사람의 실패도 가급적 빨리 잊는 게 상책입니다. 실패했을 때 가장 낙담하는 건 본인일 터인데 굳이 한 번 더 화살을 쏘아댈 필요는 없겠죠.

46
「걱정」은 적당히 잊으세요

과거는 바꿀 수 없고 미래는 알 수 없어요.
하지만 '지금'은 움직일 수 있습니다.
미래에 대한 걱정은 멈추고,
지금 할 수 있는 일에 집중하세요.

우리 의원도 개원한 지 1년이 지나면서 매일 환자를 맞을 수 있게 되었지만, 개원 초기 몇 달 동안은 환자가 없는 날이 계속되었습니다.

불안함이 전혀 없었다고 하면 거짓말이겠지요. 하지만 마냥 불안해하기보다 환자가 없는 진료실에서 날마다 한방에 관련된 책을 읽고 새로운 증례와 논문을 조사하고 온라인 강의를 듣는 등 환자에게 도움이 될 만한 일을 묵묵히 해나갔습니다. 그러는 사이 드문드문 찾아오는 환자들을 성심껏 진료하다 보니 조금씩 환자가 늘어났습니다.

사람이 불안과 걱정을 느끼는 것은 대부분 앞날에 대해 이런저런 나쁜 생각을 하고 있을 때입니다. 하지만 앞날은 어떻게 될지 모릅니다. 미래는 그 누구도 알 수 없어요.

그러니 걱정스럽거나 불안한 기분이 든다면 그 마음들을 그대로 묻어두는 건 어떨까요? 대신 오늘 꼭 해야 하는 일, 미래를 위한 작은 일을 담담히 실천하세요.

'지금'이 차곡차곡 쌓여 미래가 만들어집니다. 현재가 마음대로 되지 않아 걱정이라면 약으로 마음의 불안을 조금

누그러뜨릴 수 있습니다. 지금 내게 무엇이 필요한지 생각하고 행동할 수 있는 사람은 오직 나 자신뿐입니다.

47
「불행」은 적당히 잊으세요

행복은 '비율'로 정해지지 않아요.
불행이 완전히 사라지지 않아도,
지금 손에 쥔 '고마움'을 받아들이는 것만으로
행복해질 수 있어요.

진료실에서 사람들과 이야기를 나누다 보면, '행복이 과연 뭘까'라는 생각이 들곤 합니다. '직장을 옮기면 행복할 텐데', '남편 때문에 불행해', '자식이 제대로 된 일을 안 해서 불안해' 등 자신의 불행을 남의 손에 맡기고는 스스로 행복을 잃은 것처럼 느끼는 분들도 계십니다.

오래 살고 보니 행복은 조건이나 환경으로 결정되는 게 아니라, 이미 존재하는 것에서 스스로 찾아내고 느껴야 하는 것이라는 생각이 들더군요.

나에게 무언가 '부재해서' 불행하다는 생각에 사로잡히면, 가지지 못한 것에만 눈길이 가다 보니 행복을 느낄 수 없게 됩니다. 이상적인 일과 꿈, 하고 싶은 것, 꿈에 그리던 배우자, 나를 무조건 지지해주는 부모, 멋진 자동차와 집, 학력……. 지금 내 손안에 없는 것을 예로 들기 시작하면 끝이 없습니다.

내가 갖지 못한 것을 얻기 위해 노력하고 애쓰는 것이 잘못되었다는 말이 아닙니다. 다만 손에 넣을 때까지 '아직 얻지 못했어'라며 불행에 빠져 있을 필요는 없다는 말입니다.

내가 느끼는 불행을 전부 없애지 않아도 지금 행복해지겠다는 결심은 할 수 있습니다. 내가 이미 가진 것으로 시선을 돌려 지금 내 안의 행복을 깨닫는 것은 누구라도 당장 시작할 수 있는 '행복해지는 방법'입니다.

48
「초조함」은 잊으세요

어떤 시간에서든 얻는 것은 있습니다.
누군가를 위해 내준 시간은
더없이 소중한 경험입니다.

진료실을 찾아오신 분 중에는 다양한 이유로 현재 일을 쉬고 있는 사람들이 많습니다. 육아와 일을 병행하다가 너무 지쳐 퇴직을 선택한 사람이 있는가 하면, 부모의 간병으로 좋아하던 일을 그만두고 고향으로 돌아온 사람, 병에 걸려 잠시 일할 수 없게 된 사람 등 여러 가지 원인들이 있습니다. 그분들은 모두 나만 뒤처지는 게 아닐지 초조해하고 계시더군요.

저는 다섯째 아이를 낳고 나서 의사를 그만두고 전업주부로서 양육에 전념했습니다. 하지만 시간이 흘러도 의사로 돌아가고 싶다는 바람은 사그라들지 않았고, 큰아이의 대학 진학을 계기로 52세에 의사로 복귀했습니다. 14년 공백 뒤의 결단이었지요.

원래는 산부인과 의사였지만, 재출발하면서 정신의학을 공부해 정신건강의학과 의사가 되었습니다. 그 후 관심이 있었던 한방의 자격을 취득해 지금 의원에서 진료를 계속하고 있지요.

물론 전업주부가 된 것도, 다시 복귀를 할 수 있었던 것도 전부 스스로 결정했다는 점에서 많은 혜택을 받았다고 느낍니다. 남편과 아이들, 어머니의 응원 그리고 사회와 주변 분들의 도움 덕택에 갈 수 있었던 길이죠. 지금은 제가 받은 수많은 응원과 의사로서 살아온 경험을 환자들에게 돌려주어야겠다는 마음으로 살아가고 있습니다.

내가 스스로 내린 결정이든 내 의지와는 상관없이 생긴 예기치 않은 공백이든, 지금은 초조하더라도 그 시간은 당신에게 둘도 없는 경험이 될 것입니다.

누군가를 위해 내준 시간은 상대에게서 직접 돌려받지 않아도 다른 형태로 되돌아오기 마련입니다. 긴 세월을 겪고 보니 그렇더군요. 그리고 다시 시작하겠다는 용기가 무엇보다 중요합니다. 마음만 굳게 먹는다면 몇 살이 되었든 재출발할 수 있다는 사실을 잊지 말길 바랍니다.

49
「부모 탓」은 잊으세요

내 인생을 언제까지고
부모 탓만 할 수는 없어요.
어른이라면 인생은 자기 책임입니다.

독친毒親이라는 말을 종종 들을 때가 있습니다. 이는 '자식에게 독이 되는 부모'라는 뜻으로, 지나친 간섭으로 자식을 망치는 부모를 이르는 말입니다. 부모를 뜻하는 '오야親'와 동전을 넣고 돌리면 장난감이 든 캡슐이 무작위로 나오는 뽑기 기계인 '가챠ガチャ'를 합친 '오야가차'라는 신조어도 한때 유행했는데, 아이는 부모를 선택할 수 없으며 어떤 부모를 만나느냐에 따라 행복해지기도 하고 불행해지기도 한다는 점을 장난감 뽑기에 비유한 말이라고 합니다.

이런 낱말들에서는 은연중에 부모에 대한 원망이 느껴집니다. 부모와의 관계가 인생에 큰 영향을 주는 것은 사실이지만, 인생의 절반을 보내고 나서도 '어머니 때문에', '아버지 때문에'라고 말한다고 해서 인생이 나아질까요? '나는 불행해', '인생은 불공평해'라고 분노하고 있으면 내가 이 세상의 피해자라는 느낌은 점점 더 짙어집니다.

현실을 냉정하게 보면 세상에는 나보다 복을 많이 받은 사람도 있고, 나보다 복을 적게 받은 사람도 있습니다. 어린 시절 좋은 환경에서 자랐어도 인생에 불만이 가득한 사람이 있는가 하면, 힘든 어린 시절을 보냈음에도 인생을 빛내는 사람도 있습니다.

  그 차이는 자신에게 주어진 환경에 불평만 늘어놓으며 제자리걸음만 한 사람과 자신의 역량을 펼칠 수 있는 곳을 찾아 움직인 사람이라는 점입니다.

  어른이 된 후의 삶은 오롯이 내가 책임져야 합니다. 계속 주어진 환경만 탓할 바에는 차라리 그곳을 벗어나 내가 원하는 방향으로 스스로를 이끌어가면 됩니다.

  나를 움직일 수 있는 건 자신뿐입니다. 그리고 그것은 언제든 가능하다는 사실을 새겨두세요.

50
「울적한 기분」은 잊으세요

안 좋은 기억을 자꾸 되새김하지 마세요.
고민의 늪에서 벗어나기 위한 방법을
적극적으로 찾으세요.

상처받은 기억이나 내 것을 빼앗긴 기억을 떠올리면 그때마다 슬픔과 고통이 다시 밀려와 불안과 우울, 자기부정이 강해지곤 합니다.

  물론 뜻하지 않게 큰 사고를 당했다든지 생명의 위협이나 공포를 겪은 뒤 나타나는 외상 후 스트레스 장애PTSD는 병원이나 상담소 등에서 적절한 치료를 받아야 하지만, 그 외에도 사람의 마음이란 건 아주 연약해서 인생 여기저기에서 상처 입기 일쑤입니다.

  다른 사람에게서 들은 말이 자꾸 떠올라서 괴로울 때나, 다른 사람에게 당한 수모가 잊히지 않을 때는 그 생각을 누군가에게 말해보세요. 전문 상담사도 좋고 친구도 좋습니다. 다른 사람에게 털어놓으면 마음이 조금 가벼워지는 동시에 내가 여전히 그 일에 사로잡혀 있는지 아닌지 확인할 수도 있어요.

  기분을 전환할 수 있는 자기 나름의 방법을 터득하는 것도 중요한데, 저에게는 막내딸과 통화를 하는 것이 스트레스 해소법입니다. 걱정거리를 털어놓거나 쓸데없는 잡담을 나누다 보면 어느새 기분이 풀리고, 딸은 아무렇지 않게 "그런데 엄마, 다음에 언제 언제(교토 사투리로 '몇 월 며칠'이라는 의미입니다) 미용실 갈까?"라고 물어옵니다. "그래, 언제가 좋을까?"라고 말하다 보면 내일 이후의 미래로 시점이 확 바뀌는 것이 느껴집니다. 그것만으로 기분이 좋아져서 다음 날부터 다시 평소처럼 지낼 수 있게 되죠.

고민의 늪에서 빠져나오는 방법은 뜻밖의 곳에서 발견되기도 합니다. 부정적인 기분에 빠져 있지 말고 적극적으로 해결방법을 찾아봅시다.

51
가끔은 「시간」을 잊으세요

시간이 약입니다.
하지만 슬픔이 치유되는 데
오랜 시간이 걸리는 것도 사실이지요.
'무심無心'이 시간을 조금은 잊게 도와줍니다.

가족을 잃은 슬픔에서 헤어나지 못하고 힘겨워하는 사람들이 많습니다.

한번은 3년 동안 간병했던 남편이 죽자 강한 비탄 반응(사랑하는 사람을 잃었을 때 일어나는 슬픔, 혼란스러움, 외부 세계에 대한 관심 감소 등의 정서적 반응)을 보이며 의욕을 완전히 잃은 환자가 내원하신 적이 있습니다. 그 환자는 남편을 떠나보낸 지 두 달째, 여전히 그때와 같은 고통을 호소했습니다. 이처럼 가족을 잃은 슬픔은 쉽사리 사라지지 않습니다.

그러나 슬픔에 휩싸여 집을 나가지도 않고 몸도 움직이지 않으면 몸의 기운이 빠져나가 근력도 약해지고 마음은 점점 무기력해집니다. 저는 그 환자에게 "당장 할 수 있는 취미, 손을 움직여서 하고 싶은 일이 있으실까요?"라고 물었습니다. 딱히 떠오르는 게 없다면서 곰곰이 생각하시더니 "예전에 꽃꽂이 교실을 운영했었는데, 꽃꽂이는 어떨까요?"라고 답하셨죠. 저는 짧게라도 좋으니 시도해보시라며 적극적으로 권했습니다.

다음에 오셨을 때는 기운을 조금 되찾으셨는지 "다시 꽃꽂이 교실을 열고 싶어요", "배우고 싶다는 사람도 있어 내가 필요한 사람이 된 것 같아요"라고 말하시더군요. 지난 진료 시간에 볼 수 없었던 미소가 보여 마음이 놓였습니다.

 슬픔이 삶을 덮치더라도 생업이나 내가 꼭 처리해야만 하는 일이 기다리고 있으면, 그 일을 묵묵히 해나가면서 마음이 회복될 때까지 버틸 수 있습니다.
 '시간이 약'이라는 건 맞는 말이지만, 그 시간이 매우 길고 먼 여정이라는 것도 사실입니다. 그럴 때는 작은 취미로 슬픔과 외로움을 달랜다면 시간을 잊게 해줄 좋은 친구가 될 것입니다.

52
「후회」를 잊으세요

눈앞에 닥친 일은 모두
목적이 있어 일어난 것입니다.
받아들이고 흘려보내주세요.

"남편과 시어머니의 간병을 오래 했는데, 두 분 다 돌아가시니 가슴에 구멍이 뻥 뚫린 것처럼 의욕이 생기질 않아요"라고 말하는 환자에게, 저는 물었습니다. "아무것도 할 수 없게 된 환자 분을 보면 고인들이 기뻐하실까요?"

부모나 배우자가 사망했을 때 가장 고통스러운 사람은 '아무것도 하고 싶지 않다'라고 느끼는 사람입니다. 마음의 갈피를 못 잡고 '그렇게 했으면 좋았을걸', '이것도 할 수 있었을 텐데'라며 후회의 마음을 키우기만 하죠.

그럴 때는 손발을 움직이는 것이 가장 좋습니다. 그리워서 추억에만 잠겨 있다가는 가슴에 뚫린 구멍으로 빨려 들어갈지도 모릅니다. 방을 정리하거나 지금까지 닦지 않았던 마룻바닥을 닦아보세요. 생업이 있는 사람은 일에 몰두하는 것도 좋습니다.

저는 10여 년 전 남편을 잃었을 당시, 아이들의 교육비 대출이 여전히 남아 있는 상태였어요. 남편이 "뒤를 부탁할게"라는 말을 남겼기에 슬퍼할 겨를도 없었던 것이 당시의 솔직한 심정입니다. 남편을 잃었지만 아무튼 일을 계속할 수밖에 없었습니다.

그때는 그저 매일매일 필사적으로 눈앞의 환자를 마주할 뿐이었습니다. 이제 와 돌이켜보니 그 빛은 계속 후회만 하며 지내지 않기를 바라는 남편이 남긴 게 아닐까 하는 생각이 들 때도 있습니다.

눈앞에 닥친 일은 전부 의미가 있기에 주어진 것입니다. 그렇게 받아들이고 조금씩 마음을 다잡아보시길 바랍니다.

내가 느끼는 불행을 전부 없애지 않아도
지금 행복해지겠다는 결심은 할 수 있습니다.

내가 이미 가진 것으로 시선을 돌려
지금 내 안의 행복을 깨닫는다면
누구라도 당장 행복해질 수 있습니다.

53
「지나친 경쟁심」은 잊으세요

남에게 지기 싫어하는 마음도
적당히 가져야 해요.
한 발짝 물러선 겸손함이
때로는 아름답게 보입니다.

지기 싫어하는 마음은 괜찮습니다. 저도 돌이켜보면 지는 걸 싫어해서 나아갈 길이 열렸던 것 같아요. 게다가 지기 싫어하는 대상이 나 자신이라면 그것은 누구도 상처 입히지 않는 강력한 무기가 되기도 하고요.

그러나 '나는 저런 능력을 갖고 있지 않아', '저 사람은 저런 것도 할 수 있네'라며 타인과 자신을 비교해 열등감에 휩싸일 필요는 없습니다. 타인에게 과도한 경쟁심을 가지면 모든 면에서 완벽해야 하니 쉽게 지치고 말아요. 주변의 좋은 평가를 끊임없이 갈구하는 것은 몸과 마음, 양쪽에 독이 되는 일이에요.

나에게 지기 싫은 마음이라면 지금 자신이 가질 수 있는 최대치를 가졌으면 좋겠어요. 지금만 가능한 일이나 하고 싶었던 일에 도전하게 하는 인생의 '청춘 18 티켓(보통열차를 무제한 이용할 수 있는 일본의 교통패스)'과 같은 것이니 말이죠.

도전하면 조금씩 잘할 수 있는 일도 생기지만, 병이 들거나 나이 듦에 따라 점차 할 수 없는 일도 생깁니다. 나이를 먹는 건 모두 마찬가지이니 누구보다 위에 있다든지 아래에 있다든지 하는 생각 자체가 무의미해집니다.

고집부리지 않고 내가 할 수 없는 일에 집착하지 않는 평정심을 언제까지고 간직하고 싶어요. 또 타인을 대할 때는 겸손한 사람이 되고 싶고요.

나이가 들며 한 발짝 물러나봅니다. 묻기 전에는 말을 아끼세요. 내가 말하기보다 먼저 들어주세요. 겸손은 어른이 되었다는 증거입니다. 인생의 경험치가 만들어내는 그릇의 크기이기도 하고요.

54
「흑백논리」는 잊으세요

좋은 것 또는 나쁜 것.
모든 일이 이분법적으로 나뉘지는 않아요.
흑백이 아닌 회색도 있답니다.

정의롭고 성실한 사람일수록 사물을 흑백으로 나누고 싶어 하는데, 세상사 대부분은 모호할뿐더러 관점에 따라 정반대가 되기도 합니다. 여기서 보면 이것이 정의 같지만, 저기서 보면 저것이 정의일 수 있는 거죠. 단순히 흑백으로 나누기 어렵다는 말입니다.

언젠가 일에 쫓겨 사는 40대 남성이 의원을 찾은 적이 있습니다. "우리 회사는 엉망이에요. 워라밸work-life balance 같은 건 꿈도 못 꿔요"라며 직장 상사와 조직에 대한 불만과 분노를 토로했습니다.

상황이 좋지 않은 건 분명해 보였지만, 극심한 분노의 원인은 외적인 스트레스로 신체 순환이 나빠진 탓도 있었습니다. 한바탕 불만을 듣고 난 뒤, "불평만 계속 말하는 건 자신에게 손해예요"라고 조언했습니다. 기분이 조금 누그러질 수 있도록 초조감을 다스리는 한방약을 처방했고요. 얼마 뒤 다시 찾아오셨을 때는 한결 차분해진 상태로 그 전보다 더 넓은 시야로 상황을 바라보는 힘을 되찾으셨더군요.

세상을 좋고 싫음으로만 판단하는 것은 애초에 쉽지 않은 일입니다. 서로의 입장도 마찬가지죠. 우열을 가리려 한들 기준이 바뀌면 위와 아래도 단숨에 바뀝니다. 자신의 정당함만 내세우다 보면, 상대방에게 상처를 주기도 하고 자신의 '상식'이 통하지 않아서 스트레스를 받기도 합니다.

세상에는 다양한 사람들이 살아가고 있고 그 다양성을 인정해야 하는 시대입니다. 각자 자신의 정의와 가치관을 바탕으로 살아가고 있음을 받아들이세요. 마음에 평온이 찾아올 것입니다.

55
기꺼이 「친절」하세요

세상에 조금이라도 도움이 되고 싶어요.
경쟁보다는 자신의 만족감을 소중히 여기세요.

코로나19 대유행을 겪으면서 몸도 마음도 지친 사람이 많이 늘어난 것 같아 마음이 아픕니다.

최근에 우리 의원도 2주 넘게 예약이 밀려 있지만, 진료가 시급해 보이는 연락이 오면 어떻게든 시간을 내어드리려고 애쓰고 있어요. 코로나19 이후, 근방의 심료내과와 정신건강의학과는 예약이 꽉 차서 몇 달은 기다려야 하는 상황이라고 하더군요. 그래서 접수를 보는 아들이 "추가 예약을 받아도 될까요?"라고 물으면 저는 주저 없이 "그럼요" 하고 답하곤 합니다.

제가 오늘 사회에 도움이 될 수 있다면, 인생의 소임이라 생각하고 기꺼이 하고자 합니다. 휴식 시간이 없어지고 귀가가 늦어져도 괜찮습니다.

인간은 사회에 소속되어 다른 사람에게 도움이 된다고 느낄 때 행복과 보람을 느낍니다. 문 잡아주기, 길거리의 쓰레기 줍기처럼 꼭 거창한 일이 아니어도 그렇습니다. 내가 존재함으로써 누군가에게 도움이 된다고 느끼는 것이 중요합니다.

남들과 경쟁해서 이기거나 평판을 얻기 위해서가 아니라 그저 누군가를 돕는 것으로 내가 행복해질 수 있는 삶을 선택하세요. 경쟁이 아닌 진정한 만족은 비교할 수 없이 기분 좋은 일이랍니다.

56
「자기희생」은 잊으세요

'희생'이 아니라 '유대감'입니다.
스스로 살아가는 의미를 찾아가세요.

남을 도우라는 건 자신을 희생해 누군가에게 헌신하라는 말이 아닙니다. 다만 '누군가를 위해 무언가 하고 싶다'라는 마음을 소중히 여긴다면 인간은 타인과의 유대감을 느끼며 살아갈 수 있습니다.

실제로 우리 몸에서는 다른 사람에게 도움이 되었다고 느낄 때 옥시토신이 분비됩니다. 옥시토신은 행복 호르몬, 사랑 호르몬이라고도 불리는데, 행복을 느끼고 스트레스를 완화하는 효과가 있습니다. 즉 누군가에게 도움이 되는 일을 적극적으로 수행하면 자신도 행복해지고 건강해진다는 뜻입니다.

처음 의원을 개원하며 '알아두면 좋은 이야기'를 블로그에 올리기 시작했습니다. 이제껏 살며 터득한 지혜와 알아서 유용했던 정보를 손쉽게 전달하고 싶었지요. 영양에 관련된 이야기나 컨디션 관리 방법 등 다른 사람에게 도움이 되길 바라며 지금도 꾸준히 쓰고 있습니다.

물론 알아서 득이 될지 어떨지는 읽는 사람이 판단하겠지만, 실제로 환자에게 "그대로 해봤더니 효과가 있었어요"라는 말을 들으면 그렇게 기쁠 수가 없더군요.

  자신에게 능력, 기술, 재능이 있으면 그것을 누군가와 나누고 싶어지기 마련입니다. 억지로 하기 싫은 일을 할 필요는 없습니다. 자신의 경험과 지식으로 누군가에게 도움이 될 수 있다면 모두에게 좋은 일이지 않을까요?

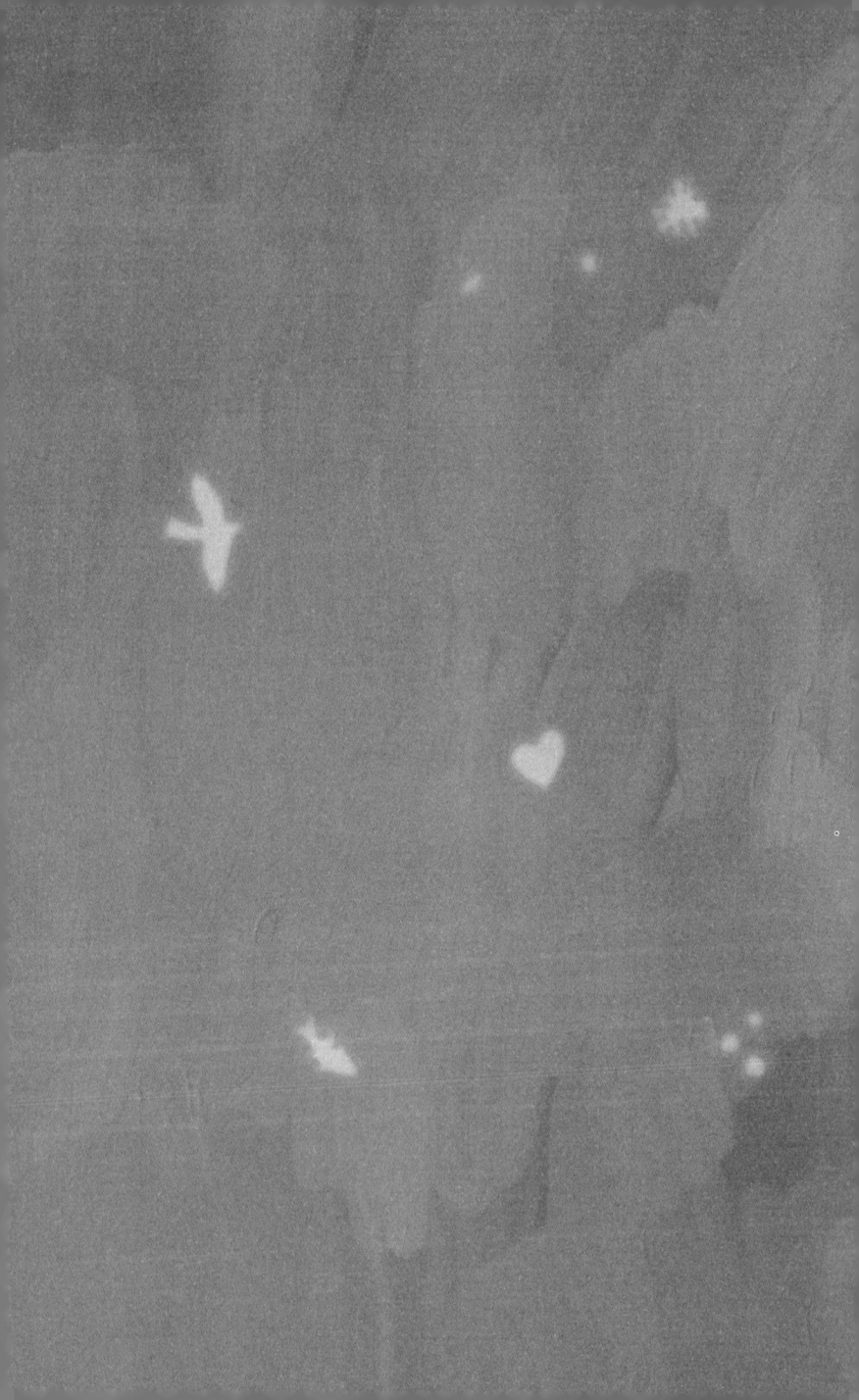

IV장

「작은 도전」을 잊지 마세요

57
「하고 싶은 것」을 하세요

자신에게 '연령 제한'을 걸지 마세요.
늘 나를 주어로 두고
언제라도 하고 싶은 일을 하세요.

몸과 마음을 건강하게 유지하려면 나에게 나이 제한을 두지 않는 것이 중요합니다. 나이 제한은 사실상 하고 싶은 일이 있어도 나이를 탓하며 하지 않는 쪽을 택하게 되니까요.

내가 할 수 있는 것, 내가 할 수 없는 것, 내가 하고 싶은 것, 내가 하고 싶지 않은 것, 내가 행복해지는 것, 내가 싫어하는 것, 내가 함께하고 싶은 사람, 내가 얽히고 싶지 않은 사람과 일에 민감해지세요. 늘 '나'를 주어로 두고, 내가 하고 싶은 것을 하게 해주세요.

저는 요즘도 독서를 즐깁니다. 새로운 것을 알고 싶기 때문이에요. 코로나19 바이러스가 유행한 이후에는 한방 강좌도 온라인으로 참여하고 있고, 컴퓨터와 스마트폰, 메신저 라인LINE도 사용하고 있어요.

그런 사실을 밝히면 "90대인데 대단하세요"라는 반응이 대부분인데, 나이에 놀라다니 저는 그 점이 더 놀라울 따름입니다. 새로운 것을 받아들이며 사는 것은 나이가 몇이 되었든 가능한 일입니다.

물론 나이가 들면서 할 수 없는 일도 생깁니다. 그러나 우리가 인생에서 아직 시도하지 않은 일 중에는 나이와 체력에 관계없이 할 수 있는 일이 여전히 무궁무진합니다.

나이 듦에 따라 잃은 것이 있을지언정 아침에 눈을 뜨면 우리에게는 새로운 하루가 주어집니다. 오늘 내가 할 수 있는 일에 관심을 기울여보세요.

58
「듣고 싶은 이름」으로 불리세요

누군가의 엄마로 불리고 싶지 않다면
이름으로 불리면 됩니다.
호칭은 생각보다 마음에 영향을 준답니다.

'할머니'라고 불리면 내가 너무 늙은 것같이 느껴져 자식과 손주 들에게 '히코 씨'라고 부르게 합니다. 늘 듣게 되는 호칭인 만큼, 내가 듣기 좋은 이름으로 불리고 싶어서요.

주위를 둘러보니 '할머니'가 아니라 이름으로 불리고 싶어 하는 건 저만의 생각이 아니더군요. 나이로 규정되는 것도 별로 달갑지 않지만, 가끔 나이에 놀라는 사람도 있어 '뭐, 어쩔 수 없지' 하고 생각하는 요즘입니다.

호칭은 나를 규정하는 하나의 틀이기도 합니다. 다른 사람들에게 호칭을 통해 일상에 무의식적으로 자리 잡은 생각이 때로 사람을 상처 입히기도 하고 스스로에게 한계를 긋거나 나다움을 잃게 만들기도 합니다.

특히 나이가 들수록 무의식적인 편견이 도드라지는 사람이 많은 것 같습니다. "요즘 젊은 사람들은"이라는 말만 들어도 느낄 수 있지요.

나이가 들수록 젊은 사람들의 새로운 가치관을 알거나 이해할 기회가 줄기는 합니다. 그럴수록 젊은 사람과 이야기를 나누고, 먼저 다가가 말을 걸고, 평소에도 새로운 것을 찾고 받아들이려 노력해야 해요. 손주와 주고받는 메시지도 즐겁고, 젊은 환자들과 이야기를 나누다 낯선 단어가 나오면 재밌기도 합니다.

자신이나 타인을 가치관이라는 좁은 틀 안에 가두어두지 마세요.

59
「다른 얼굴의 나」를 가지세요

'평소와 다른 나'라니,
어딘가 멋진 울림입니다.
'온야'의 시간이 가져온 생활의 활력을
뇌는 기뻐합니다.

"병원에 있는 히코 씨는 집에 있는 히코 씨하고 다르네. 의사 선생님 얼굴로 바뀌어."

아직 어린 손주에게서 이런 말을 들은 적이 있습니다. 손주가 보기에는 의원에서 만난 저와 집에서의 제가 다른 사람같이 느껴졌던 모양입니다.

그 말을 들었을 당시에는 별생각이 없었지만, 이 나이에도 흰 가운을 입고 환자를 맞이할 수 있다니 얼마나 감사한지 모르겠습니다. 흰 가운을 입고 진료실에 들어가면 힘이 불끈 솟아납니다. 저에게는 '온on'의 시간이지요.

스위치를 켜는 것은 업무할 때뿐만이 아닙니다. 친구와 차를 마시기 위해 옷을 고르고 외출하는 일, 지역 행사에 참여해 열심히 내 역할을 다하는 것, 혼자서 취미에 몰두하는 시간, 손님을 맞이하기 위해 분주하지만 설레는 준비, 모두 마찬가지입니다.

그렇게 스위치가 켜져 있는 동안에는 뇌 기능을 활성화할 수 있습니다. 할 일 없이 집에서 멍하니 텔레비전만 보는 나날이 계속될 때는 옷을 갈아입고 밖으로 나가세요. 반강제적으로 자신에게 '온'의 시간을 만들어주는 겁니다.

규칙적으로 생활하면서 사회와의 연결, 가벼운 자극, 소소한 도전을 일상으로 끌어들이세요. 평소에 다니지 않던 길로 가기, 낯선 슈퍼마켓에서 장보기 등 바로 시도할 수 있는 새로운 일은 무척이나 많답니다.

60
「부탁」을 어려워하지 마세요

할 수 있는 건 스스로 하되,
할 수 없다면 부탁하세요.
'부탁합니다'를 분명히 말할 수 있는
사람이 되고 싶습니다.

몇 권의 책과 자료들로 불룩해진 제 가죽 가방을 보면 사람들은 "그렇게 무거운 가방을 들고 매일 왔다 갔다 하시는 거예요?"라며 놀라곤 합니다. 가방을 어깨에 메고 손에 작은 짐까지 들고 있으면 "들어드릴까요?"라며 다가오시기도 하지만, 저는 제 일은 제가 해야 직성이 풀리는 사람이라 마음만 고맙게 받을 뿐이지요.

그런 성향의 저도 90세의 나이로 의원을 개원할 때는 많은 사람의 힘을 빌렸습니다. 가족에게 앞으로의 계획을 이야기하며 "잘 부탁드립니다"라고 하자, 자식들은 각자의 방식으로 여러 방면에서 저를 도와주었습니다.

둘째 아들은 다니던 회사를 조기 퇴직하고 사무 일을 총괄하고 의원을 운영하기로 했습니다. 의사인 첫째 아들은 저에게 어떤 일이 생겼을 때 만일의 상황에 대비하기 위해 주변 의료 기관을 돌며 인사를 다녔고, 셋째 아들은 내부 설비와 장식 전반을, 그 아내는 커튼을 만들어주었습니다. 병원에 둘 냉장고는 셋째 딸이, 관엽식물은 넷째 딸이 선물해주었고, 텔레비전을 보내준 손주도 있습니다. 함께 사는 둘째 딸은 매일 아침밥과 도시락을 만들어주고 있으며, 멀리 있는 첫째 딸은 늘 정해진 시간에 손주와 함께 전화를 걸어줍니다. 자식과 손주 들 모두 저마다의 방법으로 제가 새롭게 도전하는 나날을 지지해주고 있습니다.

나이 듦에 따라 혼자서 모든 걸 감당하기는 어렵지만 '할 수 있는 일은 내가 한다'와 '다른 사람에게 도움을 요청한다', 둘 사이의 균형을 잘 맞춰야 합니다.

혼자서는 전부 해내기 여렵다는 것을 받아들이고, 진심으로 "잘 부탁드립니다"라고 언제든 솔직하게 말할 수 있는 사람이 되고 싶습니다. 저도 매일매일 연습 중입니다.

61
「배움」에 빠져드세요

배움은 즐겁습니다.
어려워 말고 하고 싶었던 일에 도전해보세요.
생각지도 못한 인생의 전환기를
맞을 수도 있답니다.

의사 일을 쉬는 중에 다양한 배움을 생활로 끌어들였습니다. 아이들이 학원 간 시간에 마냥 기다리기는 지루해 영어 회화 학원에 다녔는데, 결과적으로 영어 검정 시험을 볼 정도로 몰두했었죠. 딸의 학교 친구와 시험 장소에서 만난 것도 재미있는 추억입니다. 전업 주부일 때는 통신 과정으로 영양학과 심리학을 배웠더니 나중에 육아와 진료에 도움이 되기도 했습니다.

배움이란 재미있는 일입니다. 당시 이것저것 손을 댔던 저 자신을 칭찬해주고 싶어요.

사주도 배웠습니다. "의사가 사주라니요?"라며 놀라워하시는데, 일곱 명의 아이가 어떤 운명을 타고났는지 알고 싶었답니다. 배워보니 역시 재미있고 흥미로운 세계였습니다. 원래 나쁜 점괘는 신경 쓰지 않는 성격이어서 운세가 좋든 나쁘든 어느 쪽이든 상관없었지만, 삶의 지침을 정하고 그것을 향해 나아가게 하는 밑거름이 되었습니다.

딸에게 하루만 늦게 태어났으면 부자가 될 운명이었다고 이야기하니, "하루만 꾹 참지 그랬어요?"라고 말해 다 같이 깔깔대기도 했고요.

재미 삼아 배워둔 지식이 미래의 삶 어딘가에서 자신을 구해줄지도 모릅니다. 생각지도 못한 전환기를 가져다줄지도 모릅니다. 그리고 무엇보다 배우는 일은 즐겁습니다. 조금씩 달라지는 나 자신을 느낄 수 있어요. 제가 지금 공부하고 싶은 것은 가공하지 않고 자연 그대로의 약재를 사용하는 '생약'입니다. 더 자세히 알고 싶어 지금도 공부할 자료를 모으고 있답니다.

62
「경험」에 돈을 쓰세요

하고 싶은 일은 마음껏 하세요.
돈을 들일 거라면,
물건보다는 경험입니다.

사주 이야기에서 느끼셨을 수도 있지만, 저는 하고 싶다고 생각하면 꼭 해보고야 마는 성격입니다. 그것이 계속해서 이어질지 또는 이익이 될지 아닐지 깊이 생각하지 않고 어쨌든 해보고 싶은 마음을 우선합니다. 그것은 아이들을 키울 때도 마찬가지여서 아이들이 하고 싶어 하는 일은 가능하면 무엇이든 도전할 수 있도록 도왔습니다.

도전하는 자체가 그 사람의 강점으로 이어진다고 생각했기 때문에 가족의 도전을 언제든 환영했지요. 주판, 피아노, 전자 오르간, 바이올린, 유도, 핸드벨, 미술, 보습 학원 등 당연히 돈은 많이 들었지만 어떻게든 꾸려나가는 것도 부모의 임무라고 생각했습니다. 몇몇 아이들이 의대와 치대에 진학하면서는 더욱 큰돈이 필요해 저와 남편은 대출도 받았습니다.

시간이 흘러 개원 준비를 하던 때, 지금 일을 돕고 있는 둘째 아들과 수중의 사업 자금에 관해 이야기하던 중에 지난 가계 사정에 대해 털어놓자 "자식들이 하고 싶어 하는 걸 최우선으로 했다니 처음 알았어요"라고 말하더군요.

가끔 진료실에 찾아오신 분 중에는 "하고 싶은 일도 못하고 세월만 지났어요"라며 후회하는 분이 계시는데, 그럴 때 저는 "못 했다는 후회는 잊고 지금이라도 시작해보세요"라는 말을 건넵니다.

언제가 되었든 우리 눈앞에는 '지금'밖에 없습니다. 지금 하고 싶은 것을 하세요. 돈을 들인다면 물건보다는 경험이나 추억을 우선하세요. 하고 싶은 일이라면 '도움이 될까'라는 생각은 접어두어도 좋아요.

63
「직접」 알아보고 결정하세요

정보가 넘치는 시대이니
스스로 조사하고 생각해야 합니다.
지식은 나를 구합니다.
병의 치료법도 결국 스스로 결정해야 합니다.

남편은 77세에 대장암으로 세상을 떠났습니다. 첫 번째 수술을 마치고 암이 전이되었을 때, 저는 암세포를 제거하는 수술을 권했으나 결국 남편은 수술을 선택하지 않았어요. 저도 더는 설득하지 않았습니다. 잘한 선택이었는지는 모르겠지만, 모든 결정은 남편의 뜻이었습니다. 저는 남편의 뜻을 받아들이고 마지막까지 남편을 돌보았습니다.

병을 어떻게 치료할지, 마지막 결정을 내리는 사람은 환자 본인이라고 생각합니다. 설사 그 환자가 남편이라도 말입니다.

자신이 병에 걸렸고 어떻게 치료할지 스스로 결단을 내리려면 의사에게 전적으로 맡기기보다 평소에 어떤 증상일 때 어떤 병원에 가면 좋을지, 내 병에는 어떤 치료법이 있는지 폭넓은 지식을 쌓아둘 필요가 있습니다.

요즘은 무엇이든 쉽게 조사할 수 있는 시대입니다. 저도 모르는 게 생기면 바로 인터넷을 검색하곤 하는데, 정보가 넘쳐나는 지금 시대에 필요한 것은 조사 그 자체보다도 정보를 얻고 난 뒤 선택하는 능력입니다. 정보를 무조건 그대로 받아들일 게 아니라 신뢰할 수 있는 의사나 치료법을 스스로 조사하고 스스로 선택해야 합니다. 자신의 선택이 아니라면 결과에 후회할 수도 있지만, 스스로 선택한 결정은 믿고 받아들일 수 있습니다.

  마찬가지로 다른 사람이 심사숙고해서 결정한 것 역시 최대한 존중해야 합니다. 우리는 자신의 삶을 스스로 책임지고 선택하며 살아야 한다고, 이 나이가 되어서야 비로소 깨달았습니다.

64
「최신 기기」를 시도해보세요

익숙하지 않아도 겁내지 말고
최신 기기를 다루어보세요.
손가락을 움직이면 자연스레
뇌 활동이 이루어집니다.

'손은 제2의 뇌'라는 말이 있듯이, 손가락을 움직이면 뇌가 활성화됩니다. 평소에 요리를 하거나, 피아노를 치거나, 그림을 그린다면 자연스레 뇌 건강을 유지할 수 있습니다.

저 같은 경우는 환자를 진찰하며 진료 기록을 입력하거나 블로그에 건강 정보를 올릴 때 데스크톱 컴퓨터를 활용하고 있습니다.

타자 치는 법은 고등학생 때 배웠습니다. 요즘이라면 타자 치는 법을 따로 배웠다니 생소하겠지만, 1947년쯤이었던 것 같아요. <영문 타자 가르칩니다>라는 간판을 보고 '신기하고 근사해'라고 생각했던 것이 기억납니다. 서예를 배우러 가는 정도의 감각이었지만, 그 후 대학에 들어갔을 때 타자 치는 능력이 요긴하게 쓰여 주변에 도움이 되기도 했습니다.

그래서 컴퓨터가 보급될 당시, 저는 70세 전후의 나이였음에도 불구하고 겁내지 않고 변화를 스스럼없이 받아들일 수 있었어요. 이후에도 계속 컴퓨터를 이용해 업무를 보고 있고요. 24인치 모니터와 프린터는 제게 중요한 업무 파트너가 되었답니다.

지금 사용하는 스마트폰도 노인용이 아니라 아이폰^{iPhone}입니다. 손주와 휴대폰으로 사진을 주고받거나 시시콜콜한 대화를 즐기고 있지요.

컴퓨터도, 스마트폰도, 블로그도 '새로워', '할 수 있으면 편할 것 같아', '해보고 싶어'라는 생각으로 차근차근 시도한 결과가 지금의 제 생활을 이루고 있습니다.

조금 어렵지 않을까 걱정하기 전에 일단 시도하는 것도 새로운 취미를 발견하는 계기가 될 수 있습니다. 뇌를 젊게 유지하기 위해 손끝을 움직이는 활동에 도전해보세요.

65

「선물」을 주고받으세요

다른 사람을 위한 선물은
상대뿐 아니라 나의 뇌와 마음도
기쁘게 만듭니다.

누군가에게 선물을 한다고 생각하면 마음이 절로 들뜹니다. 상대가 기뻐하는 얼굴을 떠올릴 때 인간은 기쁨을 느끼는 법입니다. 상대의 반응을 기대하며 선물을 고르는 활동은 뇌와 마음을 활성화하기도 합니다.

「뭘 선물해야 그 사람이 기뻐할까?」

「그 사람은 단것을 잘 먹으니까 이 팥소를 틀림없이 좋아할 거야.」

인간은 이렇게 상대의 얼굴을 떠올리며 앞으로 일어날 일을 예상합니다. 마음이 설레고 뇌가 기뻐하는 순간이지요. 그러니 미래를 떠올릴 때는 나와 다른 사람의 웃는 모습을 떠올리세요.

평소에도 '지금 이 사람이 바라는 게 뭘까'를 생각한 다음에 말하고 행동한다면 모두가 기분 좋은 관계를 이어나갈 수 있을 것입니다. 물론 뇌의 활성화에도 좋을뿐더러 상대를 다정하게 대하게 만듭니다. 좋은 점만 가득하군요.

반대로 자신도 상대방이 해주는 일이나 말을 선물로 받아들이면, 자연스레 마음이 긍정적으로 바뀝니다.

다만 선물은 상대방을 위해서 주기도 하지만, 나를 위한 행위라는 점도 명심하길 바랍니다. 따라서 상대에게 선물을 건넸을 때 막상 기뻐할지 말지도 상대의 자유입니다. 나를 위한 선물이기도 하니 상대가 기뻐하지 않았다고 해서 실망할 필요는 없습니다.

66
「어릴 적 관심사」를 떠올려보세요

뭘 좋아하는지 모르겠다면
어린 시절을 되돌아보세요.
그 시절에 푹 빠졌던 일이
지금 당신이 찾던 '그것'일 수도 있어요.

진료실에서 얘기를 나누다 보면 '하고 싶은 일이 없다', '매일이 괴롭다', '좋아하는 것이 없다'라는 말을 자주 듣게 되는데, 그럴 때 저는 "어릴 때는 어떤 아이였나요?"라고 묻곤 합니다. 신기하게도 어릴 적 좋아했던 일이 현재 직업이거나 지금도 계속하고 있는 일과 연관이 있기도 합니다.

저에게 그 길은 역시 의학입니다. 아홉 살 때 있었던 일입니다. 어머니가 갑자기 현기증이 난다고 하셔서 당황한 저는 전화번호부에서 교토대학 부속병원을 찾아 전화를 걸었습니다. "의사 선생님 좀 바꿔주세요"라고 말한 다음, 어머니의 증상을 설명하고 어떻게 해야 할지 조언을 구했지요.

지금 생각하면 아이가 직접 전화를 걸어 의사 선생님께 조언을 구하다니, 아홉 살치고는 꽤 대담한 행동이었다는 생각이 듭니다. 어린 마음에 엄마를 구하려면 큰 병원에 연락해야 한다고 생각했던 모양입니다.

끼워 맞추기일 수도 있지만, 그 후 어쨌든 하고 싶은 직업으로 의사를 선택한 건 원래부터 의료에 관심이 있었기 때문입니다. 그 관심이 의사의 길로 이끌었다는 생각이 들기도 하고요.

  아이들은 득과 실을 계산하지 않고 자신의 마음이 끌리는 일을 합니다. 자연스레 푹 빠졌던 일을 떠올리다 보면, 하고 싶은 일이 불현듯 떠오를 수도 있습니다.

67
「작은 역할」에도 최선을 다하세요

대단한 일이 아니어도 좋아요.
자신의 작은 역할을 소중히 여기며
오늘 하루 최선을 다해보세요.

말을 잘하는 게 멋져 보이기도 하지만, 누군가의 이야기를 들어주는 것도 중요한 임무입니다. 이 세상에 태어나 지금도 살아있다는 건 모두에게 각자의 역할이 있기 때문이라고 생각합니다. 또 그렇게 생각해야 더 힘을 낼 수 있고요.

역할, 임무라고 말하면 거창하다는 생각이 들지도 모르지만, 정말 작은 일이라도 누구에게나 이 세상에서 맡은 역할이 있지 않을까요?

저는 의사로서 의원을 방문하신 분들의 이야기를 듣고 몸과 마음이 편안해지도록 처방하는 일이 저의 소임이겠으나, 그저 '이야기를 마음 편히 털어놓을 수 있는 곳', '자신이 소중하다고 느끼게 해주는 곳'이 되고 싶다는 마음도 있습니다.

꼭 일이 아니더라도 누구에게나 그때그때 주어진 역할이 있다고 생각합니다. 예를 들어 아침에 일어나 화분에 물을 주면서 지나가는 사람에게 "좋은 아침입니다" 하고 인사를 건넨다든지, 취미로 다니는 학원에서 다른 사람의 이야기를 들어준다든지 하는 것이지요. 부모님의 말 상대가 되어드리는 것도 그중 하나고요.

　내가 사는 세계에서 아주 조금이라도 누군가의 걱정을 덜도록 도왔다면 자신의 역할로 받아들여도 좋다고 생각합니다. 그것이 내가 있을 자리가 되어 인생에 빛을 비추어주기도 합니다. 작아도 좋으니 자신의 역할을 찾아 살아가기를 바랍니다.

68
「나의 선택」을 긍정하세요

'지금의 나'는 지금까지
내 선택의 결과입니다.
내가 선택해 걸어온 인생이니
자부심을 가지세요.

인생의 선택은 의외로 어쩌다 눈에 띄어서, 누군가 말을 걸어서와 같은 우연도 적지 않아 보입니다. 저도 우연한 흐름에 따라 의사를 꿈꾸게 되었습니다.

'앞으로는 여성도 직업을 가져야 한다'라는 부모님의 생각에 영향을 받아 열 살 때 의사가 되기로 결심했습니다. 변호사도 고려해보았지만, 이웃집에 의대생인 오빠가 살고 있어서 그걸 계기로 의사가 되기로 마음을 굳혔죠.

이렇게 말하면 '나는 그런 길을 선택조차 할 수 없었다', '당신은 혜택을 받았다'라고 생각하는 사람도 있을 겁니다. 그러나 중요한 것은 누구나 자신의 길을 선택해 지금의 삶을 만들어왔다는 점입니다. 결단과 우연이 거듭되어 지금, 여기에 있는 것이지요.

저 역시 모든 것이 생각대로 풀린 인생은 아니었습니다. 육아로 인해 일을 그만둔 시기도 있었고요. 하지만 이제는 그 또한 제게 소중한 삶의 선택이었다고 생각합니다.

「내 나름대로 지금까지 열심히 살았어.」

만약 인생이 힘들고 잘 풀리지 않아 고민이라면, 자신의 선택에 자부심을 가졌으면 좋겠어요. 과거를 후회하기보다는 지금까지의 선택이 내 인생에서 최선이었다고 믿어주세요. 중요한 건 앞으로 어떻게 살 것인가를 오늘 다시 선택하는 일입니다.

「내 나름대로 지금까지 열심히 살았어.」

과거를 후회하기보다는
지금까지의 선택이
내 인생에서 최선이었다고
믿어주세요.

69
작은 「도움」을 기억하세요

자신감을 잃었을 때는
누군가에게 도움을 주었던 기억을 떠올리세요.
작은 일이어도 기억에는 남는 법입니다.

자신감이 떨어지고 모든 일이 잘 풀리지 않을 때 '난 잘하는 게 없어', '나는 왜 사는 걸까?' 하고 극단으로 치닫는 사람이 있는데, 그럴 때는 누군가에게 도움을 주었던 기억을 떠올려보세요. 인간은 타인에게 도움이 되었을 때 기쁨을 느끼는 생명체입니다. 고맙다는 말을 들으면 자신감을 얻게 되고요.

제가 어린 시절에 다른 사람에게 도움이 되었다고 생각한 체험은 전시 중에 일어났습니다. 공격 경보가 울리면 마을 업무로 바빴던 어머니는 집회장에 자주 나가셨고, 저는 그사이에 현관 밑에 파놓은 지하 벙커에서 한 되들이 병에 담긴, 암시장에서 구매한 현미를 봉으로 찧어 왕겨를 벗겨냈습니다. 안전이 확인되고 경보가 해제될 때쯤엔 어느 정도 도정이 되어 있어 어머니에게 조금은 도움이 되었을 거라고 어린 마음에 생각했었죠. 어머니는 별말씀이 없으셨지만, 내 나름 도움이 되었다고 설렜던 걸 지금도 떠올릴 수 있습니다.

"다른 사람에게 도움을 준 적이 없어요"라고 말하는 사람일지라도 한두 번의 경험은 분명히 있을 겁니다. 살면서 단 한 번도 다른 사람을 도운 적이 없다거나, "고마워"라는 말을 들은 적이 없는 사람은 없습니다.

작은 일도 괜찮습니다. 학교 선생님에게 배려심이 깊다고 칭찬받았던 일이나 파출소에 분실물을 전달하고 뿌듯했던 일, 그때의 기분을 떠올려보세요.

인생의 의미는 작은 일들이 쌓이고 모여 이루어집니다. 명성이나 큰 성과를 이루지는 못했더라도 누군가에게 도움은 줄 수 있습니다.

70
늘 「웃을」 준비를 하세요

한바탕 웃으면 온몸에
에너지가 가득 찹니다.
언제 어디서든 웃기 위해
재미있는 일을 찾아보세요.

배꼽이 빠질 듯이 웃어본 게 언제인가요? 환자에게 물어보면 대부분 "웃기는 하지만, 배꼽이 빠질 정도로 크게 웃은 적은 몇 년 동안 없어요"라는 대답이 돌아옵니다. 웃으면 면역력이 올라간다는 건 의학적으로도 증명된 사실이니, '웃기 위해' 진지하게 노력해보세요.

배꼽이 빠질 듯이 웃었던 기억을 되짚어보면 세상을 먼저 떠난 남편과 결혼 전에 있었던 일이 생각납니다. 대학원생 시절에 병리학 강의에서 만난 저와 남편은 자주 식사를 함께하곤 했죠. 남편은 말솜씨가 좋아 늘 저를 웃게 만들어 웃음이 끊이질 않았어요. 둘이 신나게 웃다가 턱이 빠져버려 스스로 턱을 끼워 넣은 일이 있을 정도였답니다.

미국으로 유학을 갈 예정이었지만 포기하고 결혼을 선택한 건, 이 사람이 아니면 턱이 빠질 정도로 웃게 해줄 사람을 평생 만날 수 없을 거라는 생각이 들어서였습니다.

몸과 마음이 지치고 아파 들른 진료실이니 늘 웃음을 기대하기는 어렵지만, 환자와 대화를 나누다가 웃음이라도 터져 나오면 분위기는 금세 바뀝니다.

한번은 이완기 혈압이 높은 환자에게 "혈액 검사 결과에서 저밀도 콜레스테롤 수치가 너무 높으신데요?"라고 말했더니, "그러니까요!" 하며 큰 소리로 웃으시더군요. 그 호탕한 웃음소리에 저도 덩달아 웃고 말았습니다. 긍정적이고 활기찬 분이시니 앞으로 혈압도 개선되고 증상도 좋아질 것으로 보입니다.

웃는 건 훌륭한 건강법입니다. 즐거워서 웃는 것이 아니라 웃어서 즐거운 것이다, 그 말을 몸소 체험한 순간이었습니다.

71
「주는 것」이 곧 「받는 것」이에요

사람은 주면서 동시에 받습니다.
내가 격려했지만,
격려를 받은 건 나일 수도 있습니다.

저희 어머니는 65세를 넘기지 못하고 돌아가셨습니다. 어머니를 떠올리면, 자연을 즐기던 모습과 노래를 흥얼거리며 함께 걸었던 산길이 눈에 선합니다.

어머니는 교장 선생님이 "장학금이 나오니, 여학교에 보내세요"라며 진학을 권유하러 집까지 찾아오실 정도로 어릴 적부터 총명했다고 합니다. 그러나 외할아버지는 "취업할 겁니다"라고 단칼에 거절해 배움의 기회를 잃으셨다고 하더군요.

어머니는 외할아버지를 원망하지는 않았지만, 그때 배움의 기회에 대한 소중함을 깨달았던 것 같아요. 어머니는 제가 의대에 진학하자 기뻐하셨고 비싼 의대 학비를 부탁해도 힘들다는 말 한마디 없이 헌신적으로 일하며 응원해 주셨죠.

의사가 된 뒤에도 온 힘을 다해 저를 뒷바라지하고 매일 아이들을 보살피러 와주셨는데, 시간이 지나 도움을 받는 상황에 익숙해지자 말다툼이 벌어지기도 했습니다.

다툼이 일어나면 어머니는 기다렸다는 듯이 입고 있던 소매가 달린 앞치마를 벗고는 "간다" 하고 가셨습니다. 다음 날은 감감무소식이길래 '이제 안 오실지도 몰라' 하고 뉘우치고 있으면, 그다음 날에는 "왔다" 하고 아무 일도 없었다는 듯이 평소처럼 와주시는, 뒤끝 없는 성격의 어머니였습니다.

 이 나이가 되자 저를 뒷바라지하고 손주들을 돌보던 어머니의 깊은 애정은 어머니에게도 삶의 활력소였을 거라는 점을 이해하게 되었습니다.
 의사인 저 역시도 환자들에게 처방을 내리면서 오히려 제가 격려와 도움을 받고 있다고 느낍니다. 사람人은 글자 그대로 서로서로 기대고 도우며 살아가는 존재입니다.

나오며

끝까지 읽어주셔서 고맙습니다.

이 책을 처음 집필한 2022년 교토의 여름은 코로나19 대유행으로 중단되었던 기온마쓰리(매해 여름 교토에서 7월 한 달 동안 역병과 재앙을 물리치기 위해 열리는 전통 축제)가 3년 만에 열리며 들썩였습니다.

기온마쓰리는 원래 액막이를 위한 축제로, 예부터 액막이 부적인 치마키(질병과 불운을 쫓는 행운의 부적)를 현관에 장식하는 풍습이 전해 내려왔습니다. 기온마쓰리의 치마키는 '액막이 치마키'라고도 불리는데, 우리 집은 매년 야사카 신사의 치마키를 구매하고 있습니다. 먹을 수 있는 치마키도 있지만, 야사카 신사의 치마키는 댓잎으로 만들어져 있어 먹지는 못합니다.

어릴 때부터 기온마쓰리 시기에는 으레 이 액막이 치마키를 현관에 장식했습니다. 결혼하고 나서도 자연스레 구매하고 있고요. 치마키는 축제일의 전야제 기간인 6일 동안만 판매하는데, 아무리 바빠도 빼먹지 않고 야사카 신사에서 치마키를 사는 것이 우리 집 연례행사입니다. 요즘은 자식들 집도 잊지 않고 챙기며 '이걸로 올해도 가족 모두 건강히 지낼 수 있겠어. 다행이야' 하고 안심하곤 합니다.

어릴 적에 체험했던 지역 축제는 마음을 설레게 할뿐더러 활력을 불어넣어줍니다. 한동안 멀리했다면 다시 '우리 집 일정'에 지역 축제를 더해보는 건 어떨까요?

오랫동안 지켜온 문화를 소중히 하는 것은 마음 건강을 위해 필요한 일이고, 불운을 막고 행운을 비는 것도 '마음의 약'이 됩니다.

막내딸이 이따금 "엄마는 의사면서 약은 안 주고 '기운이 날 테니 이걸 드셔보세요'라고 하잖아요. 의사면서 참 신기해"라고 말할 때가 있습니다.

저는 서양 의학은 물론이고 한방 의학에 대해서도 오랜 기간 공부해 진료에 활용해왔습니다. 예로부터 이어진 문화와 관례, 연구들은 건강하게 살기 위한 지혜 그 자체입니다. 몸과 마음에 필요한 것을 모두 '약'으로 제안할 수 있는 의사로 남고 싶습니다. 그걸 이루고자 지금까지 이 길을 걸어온 것이겠지요. 그동안 도움을 주신 많은 분에게 그저 고마울 따름입니다.

"좀 더 편히 살 방법이 없을까요?"

이 책을 쓰면서 진료실에서 이런 질문을 받았던 기억이 떠올랐습니다. 예나 지금이나 저는 "적당한 게 중요합니다"라고 답합니다. 음식이 너무 짜거나 달아도 맛이 없듯이, 인생도 자신에게 딱 알맞은 상태, 즉 '적당한 지점'에서 하루하루를 보내는 것이 가장 좋다고 생각합니다.

「나에게 필요한 것은 과감히 받아들이고 필요 없는 것은 지혜롭게 버린다.」

「힘들었던 과거는 떨치고 명예와 욕심은 내려놓고 괴로

운 인간관계는 미련 없이 멀리한다.」

「움켜쥐고 있던 슬픔이나 집착을 버리고 좋았던 일조차도 적당히 잊는다.」

그렇게 하면 내가 지금 하고 싶은 것, 지금 느끼고 있는 것, 나의 '지금'이 되돌아올 것입니다. 소중한 가족과도 적당한 거리감을 유지해야 더 애틋해집니다. 내가 할 수 있는 일은 스스로 하되, 할 수 없는 일은 다른 사람에게 부탁하고, 누군가가 힘들어하면 내가 할 수 있는 범위에서 돕습니다. 인간관계에서 '적당한 지점'을 찾으면 살아가기가 훨씬 더 수월해질 것입니다.

적당히 잊고, 한 발짝 물러서서, 마음은 가볍게.

적당한 거리감을 유지하며, 가뿐한 마음으로 살아가길 바랍니다.

후지이 히데코

옮긴이 **이미주**

숙명여자대학교 일본학과를 졸업했고 고려대학교 대학원에서 일본 문학 석사 학위를 받았다. 바른번역 글밥아카데미에서 일본어 출판 번역 과정을 수료한 뒤, 현재 바른번역 소속 전문 번역가로 활동 중이다. 옮긴 책으로는 《끊을 건 끊고 버릴 건 버려》와 《오늘 내 마음은 명상》이 있다.

적당히 잊으며 살아간다

2025년 8월 11일 초판 1쇄 발행

지은이 후지이 히데코
옮긴이 이미주
펴낸이 이원주

책임편집 박인애 **디자인** 진미나
기획개발실 강소라, 김유경, 강동욱, 류지혜, 고정용, 이채은, 최연서
마케팅실 양근모, 권금숙, 양봉호 **온라인홍보팀** 신하은, 현나래, 최혜빈
디자인실 윤민지, 정은예 **디지털콘텐츠팀** 최은정 **해외기획팀** 우정민, 배혜림, 정혜인
경영지원실 강신우, 김현우, 이윤재 **제작실** 이진영
펴낸곳 (주)쌤앤파커스 **출판신고** 2006년 9월 25일 제406-2006-000210호
주소 서울시 마포구 월드컵북로 396 누리꿈스퀘어 비즈니스타워 18층
전화 02-6712-9800 **팩스** 02-6712-9810 **이메일** info@smpk.kr

ⓒ 후지이 히데코(저작권자와 맺은 특약에 따라 검인을 생략합니다)
ISBN 979-11-94755-58-6 (03190)

- 이 책은 저작권법에 따라 보호받는 저작물이므로 무단전재와 무단복제를 금지하며, 이 책 내용의 전부 또는 일부를 이용하려면 반드시 저작권자와 (주)쌤앤파커스의 서면동의를 받아야 합니다.
- 잘못된 책은 구입하신 서점에서 바꿔드립니다.
- 책값은 뒤표지에 있습니다.

쌤앤파커스(Sam&Parkers)는 독자 여러분의 책에 관한 아이디어와 원고 투고를 설레는 마음으로 기다리고 있습니다. 책으로 엮기를 원하는 아이디어가 있으신 분은 이메일 book@smpk.kr로 간단한 개요와 취지, 연락처 등을 보내주세요. 머뭇거리지 말고 문을 두드리세요. 길이 열립니다.